薛小平 著

二十年博弈

工程机械市场的巨变

化学工业出版社
·北京·

内 容 简 介

二十多年来，中国机械制造业崛起，中国工程机械市场空前繁荣，且改变了世界工程机械市场的格局。《二十年博弈：工程机械市场的巨变》分为六篇，介绍了中国工程机械市场的特殊性、工程机械代理商在中国市场的命运、价格战和经济型挖掘机、行业债务纠纷的演变、工程机械环保政策的影响等内容。本书开创性地选用自下而上的视角，对中国工程机械行业进行分析、判断和预测，并推测出当前市场下可能演变出来的六大趋势，希望能够提供一些新的视角，供行业参与者参考。

图书在版编目（CIP）数据

二十年博弈：工程机械市场的巨变/薛小平著. —
北京：化学工业出版社，2023.4（2023.7重印）
ISBN 978-7-122-42918-6

Ⅰ. ①二… Ⅱ. ①薛… Ⅲ. ①工程机械 – 机械工业 –
市场经济 – 研究 – 中国 Ⅳ. ①F426.4

中国国家版本馆 CIP 数据核字（2023）第 021840 号

责任编辑：刘 丹　　　　　　　　　　　装帧设计：水长流文化
责任校对：宋 夏

出版发行：化学工业出版社（北京市东城区青年湖南街 13 号　邮政编码 100011）
印　　装：中煤（北京）印务有限公司
710mm×1000mm　1/16　印张 13¾　字数 194 千字　2023 年 7 月北京第 1 版第 2 次印刷

购书咨询：010-64518888　　　　　　　　售后服务：010-64518899
网　　址：http://www.cip.com.cn
凡购买本书，如有缺损质量问题，本社销售中心负责调换。

定　　价：78.00 元　　　　　　　　　　　　　　版权所有　违者必究

前言

二十多年来，随着中国机械制造业的崛起，中国工程机械市场发生了天翻地覆的变化，它不仅仅使中国工程机械市场空前繁荣，同时也改变了世界工程机械市场的格局。这些变化最显著的特点之一，就是冲破了全球行业内几十年来通用至今的传统商业模式，产生了中国式的工程机械市场商业模式。这也是在全球同行业中，至今为止独有的商业模式，或者说所谓中国特色的市场商业模式。那么该如何深度解析和描述中国工程机械市场的这些史无前例的变化呢？

至今为止，在对中国工程机械市场的相关研究和讨论中，所涉及的各种分析方法和思维逻辑（包括对股票市场工程机械板块的研究和分析），大多是自上而下的视角，人们把更多的注意力放在了海内外大型设备制造厂家的市场战略，房地产、基础建设、固定资产投资、进出口等政府的宏观经济数据和政治形势的影响上，从宏观角度对市场作出分析、判断及预测。

然而，中国经济的发展，加上工程机械市场本身的巨变，使行业相关从业人员大幅增加到了近千万人。工程机械设备销售、租赁、零配件供应等售后服务相关产业的年营业额已达到万亿元人民币规模。如果仅仅采用自上而下的视角和研究方法，那就很难深入研究工程机械行业的发展趋势，更不能准确地把握工程机械行业内部的相关逻辑，也无法对其发展趋势和复杂性作出更符合实际的描述和解释。

为此，我写这本书时一直在思考，应该采取怎样的视角和叙述方式才能让读者读完有所收获。最终我选择了打破传统的自上而下的观察和研究视角，反过来运用自下而上的视角，创新地提出了中国特色下中国工程机械行业的"碎片化"理论和存量市场下"薛小平猜想"概念，从市场的最底层和终端购买者群体的基本需求开始，更全面地从工程机械整体商业链上的利益相关方出发，对其市场的变化和形成的当下格局尽可能详尽地描述和深度解析。

为了让这本书轻松好读，我做了全新的尝试，推出了形象化的比喻，运用"蚂蚁""兔子""大象"和"狼"来描述产业链上各类个体经营者、中小型零配件服务企业、大型设备厂商和代理商这几类主要参与方的特征，并分析了以蚂蚁、兔子与大象共存的碎片化后市场之成因、碎片化要素及其复杂性，并从产品、团队、代理体系、后市场与服务等几个维度总结了二十年来行业的变化。

本书推测了在当前市场下可能演变出来的六大趋势：国产品牌国际化的发展、经营性租赁的兴起、新型代理机制的出现、社会化商业平台的产生、多元物联网模式的出现，以及新一代专业性公司和商业领袖的诞生。希望我在海内外三十多年的从业经历，能给读者在解读一些行业具体现象时带来启发。

最后，我本人衷心希望能提供一些新的视角，使行业参与者在中国市场环境下，找到自己的独特定位和商业模式，也希望能给投资工程机械相关领域和研究分析相关市场的朋友提供一些参考和帮助。

在本书的写作过程中，尤其是收集相关内容的市场数据资料时，得到过本人同事朱国荣先生、华蚁张天政先生、易起投张凯先生、机械之家刘旭龙先生、行中行科技李科先生、中国叉车部落刘世宏先生、慧聪工程机械网王彩英女士、上海诚腾蒋黎明先生、机手之家冯刚先生、国际高空作业平台协会白日先生的帮助，在此表示感谢！

薛小平

目录

第四篇　行业债务纠纷的演变

第五篇　工程机械环保政策的影响

第六篇　成败沉浮，何去何从

第一篇

中国工程机械市场的特殊性

第一章

市场的现状

产业革命是既无开头也无结尾的乐章，它仍在奏响着。

——英国史学家　艾瑞克·霍布斯鲍姆

二十多年来，随着中国机械制造业的崛起，中国工程机械市场发生了天翻地覆的变化，这些变化最显著的表现就是冲破了全球行业内几十年来通用的商业模式，产生了中国式的工程机械市场商业模式。这是全球工程机械行业独有的商业模式，或者说是中国特色的市场商业模式。那么，该如何对中国工程机械市场这些史无前例的变化作深度解析和描述呢？

管理学大师彼得·德鲁克说，当今企业间的竞争不是产品间的竞争，而是商业模式之间的竞争。从工程机械行业的传统共识中，我们也能清楚地看到这一点：售后服务是工程机械设备厂商实现产品溢价的重要环节。制造厂商追求的产品利润结构为，2/3利润来自售后服务，1/3来自新产品销售，行业内如卡特彼勒等世界知名品牌已基本实现了这一利润结构。因此，厂商致力于联合其代理商打造"研发—生产—销售—服务"的闭环商业模式，而非仅仅依赖于产品的竞争。也就是说，厂商在工程机械设备整机产品销售上的利润仅仅是小部分，大部分的商业盈利是依靠自身建立的独立封闭的产业商业链所获得的。

然而，当我们习惯性地从厂商视角，自上而下地观察工程机械的售后服务市场，很容易忽视产业链条中的其他参与者，如果换个角度，从商业链的末端，自下而上来看待，又会怎么样呢？

2018年市场数据统计表明，中国工程机械设备的售后服务市场的90%以上，不得不由厂商体系外的小型/个体从业者来提供服务。这意味着，厂商努力打造的独立闭环式的售后服务系统，只覆盖了不到10%的终端用户的服务需求，这也意味着厂商丢失了巨大的利润空间。

也就是说，在中国市场上出现的新型商业模式，打破了原有以厂家为中心的传统市场商业模式全方位的封闭和垄断经营（尤其是对外资品牌厂家），颠覆了原有的传统商业模式的基本运作方式。

这些厂商体系外的小型/个体从业者的经营商业方式，实质上体现了服务化转型的核心，即抓住了用户的真实需求：一是本地化、便捷性、及时性的服务；二是通过激发个体活力提升行业效率，对产业整体创造了价值。这也反映了后工业化与移动互联网时代背景下，实体产业在服务化转型升级中的趋势，即从厂商中心一体化到行业生态化的商业模式的转变。

一、概念说明

下面将对本书提出的几个概念和现象做一些解释和说明，以便读者能快速理解书中的内容。

1. 后市场

工程机械后市场可以认为是工程机械产品销售后所产生的一切商业行为的总合，主要包括零配件供应、修理和现场服务、二手机交易、工程机械设备租赁、技术资料提供、技术人员培训等。

2. 传统的市场商业模式

工程机械传统的市场商业模式，最初是由行业巨头品牌生产厂家，针对自身产品从销售到售后服务的全生命周期过程，自己制定的独立封闭的商业模式。如此建立的从销售到售后服务的商业模式，后来逐步形成了被行业内绝大部分制造厂家认可并采用的商业模式，本书中称之为工程机械传统的市场商业模式。图1-1所示为传统的市场商业模式图。这一传统的市场商业模式有如下几个特点。

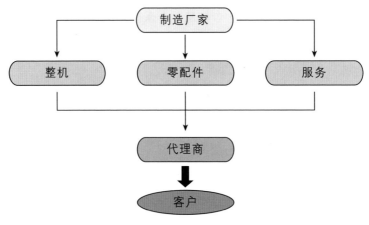

图1-1 传统的市场商业模式图

（1）厂家对产品从销售到售后服务的每一个环节都有绝对的话语权，经授予代理商对产品的特殊经营权，从厂家到代理商，再到终端客户，形成了一个封闭、独立的商业服务循环体系。

（2）产品的销售价格、服务经营的标准、零件价格和各种售后服务价格的制定，包括对产品售后质量和售后服务纠纷的处理规则等，厂家拥有独家话语权。

（3）在这种封闭和独立的商业模式中，终端客户基本是被动接受的商业定位，基本上没有议价的能力和资格。

（4）厂家和代理商所获得的，不只是产品销售的利润，还有销售的每一台产品的生命周期中所有的商业环节的利润。其中售后服务的获利是产品销售利润的数倍，比如，代理商售后服务的经营利润可覆盖其全部经营成本的70%～100%，甚至即使没有产品销售，仍然有可能盈利。

3. 大象

大象是代表海内外各类工程机械品牌制造商及整机生产厂家。2018年市场数据统计表明，国产品牌大象的产业投资总和约300亿元，外资品牌大象对中国市场的投资总和约350亿元。大象的主要特点是重资产投资，实力雄厚。无论是国产大象还是外资大象，他们都是工程机械行业的源头，可以说，没有大象也就没有工程机械行业的存在。

4. 兔子

兔子是指零件的中小制造厂家（其中有大量的"代用品"中小制造厂家）、中小型修理厂家、中小型二手机翻新厂家、设备租赁和二手机买卖等中小企业及各类小型家庭工厂。

他们有一定资金、专用设备、技术和专利积累，以专业、专注见长，经营灵活，对市场需求的反应速度很快。

兔子的经营活动遍及工程机械行业的每一个商业环节，包括对品牌大象代理商的渗透，可以为下游的蚂蚁提供零件、资料、信息、物流、情报、培训，甚至是资金的支持。

5. 蚂蚁

以小微企业经营和个人经营混合的经济行为的群体，我将其称呼为蚂蚁，他们的职业分类有零件蚂蚁、修理蚂蚁、服务蚂蚁、资料蚂蚁、二手机蚂蚁、制造蚂蚁等。

6. 狼

狼是各品牌大象在中国市场的代理商，扮演着品牌大象市场代言人的角色。在传统的市场商业模式中，狼的主要职责是对大象产品的销售市场和产品的售后服务全权负责。在中国工程机械市场，除极个别外资大象旗下的狼是外资企业外，狼这一群体绝大多数是由中国本土民营企业构成的，大多数是从兔子、蚂蚁升级而来，依靠对市场的敏锐洞察力，抓住市场机遇，凭借自身的聪明、果断决策及艰辛努力，一步步发展壮大起来。

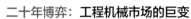

二、市场的碎片化

在中国制造业崛起的背景下，工程机械市场的碎片化是工程机械行业市场化竞争中衍生出来的一种更高经济效率的市场形态。它颠覆了传统商业模式的市场基本运作方式，其最终结果是打破了原有传统商业模式中以大象为中心的独立性和商业闭环经营，形成了相对开放的市场形态。以下是市场碎片化的主要表现。

1. 整机购买者的碎片化

中国的工程机械设备交易发展趋势逐渐由企业的采购行为转化为小微企业和个体经营者的购买。当下，中国工程机械设备保有量近1000万台（套），绝大部分掌握在蚂蚁或兔子手中，尤其是挖掘机和装载机等常规土石方设备，95%以上是蚂蚁和兔子的财产。以挖掘机为例，至2020年为止，近十年内新机销量约150万台，其中包括历年进口的二手机数量；市场存量约250万台，约95%以上是兔子、蚂蚁买单的。

2. 零件生产厂家的碎片化

随着中国制造业的崛起，工程机械市场的零件制造商有近万家是兔子和蚂蚁，其中一部分是由"代用品"生产转化为"正品"的制造者，为大象的整机制造厂提供配套生产，尤其是为国产品牌大象整机制造厂提供配套生产和服务。

3. 售后修理和现场服务碎片化

在2020年，中国工程机械修理和售后现场服务的各类兔子、蚂蚁约40万人，其中挖掘机修理和售后现场服务蚂蚁约20万人。对工程机械设备的售后修理和现场服务90%以上是由各类修理和服务兔子、蚂蚁完成的。

4. 操作手的碎片化

工程机械设备操作手群体逾1000万人，其中挖掘机操作人员约250万人，几乎全部为独立的个体或无固定工作场所的蚂蚁群体，即机手蚂蚁群。

5. 技术资料和技能培训碎片化

可以看到，技术资料蚂蚁以非常低廉的价格为各类蚂蚁包括终端客户，提供了各种品牌的工程机械设备的技术资料、修理手册、零件手册及各种维修保养技术培训。修理蚂蚁和零件蚂蚁包括机手蚂蚁及终端客户，都可以很方便地在网上自由查阅和付费，购买自己所需要的技术资料和接受技术培训等服务。

6. 财务碎片化

有相当一部分的设备零配件交易和二手机交易以非发票的方式运作。2016年后，国家对发票和税务的管理条例（营改增）出台后，碎片化的交易有所减少。

7. 租赁业务和租赁公司的碎片化

现有的绝大多数租赁公司为兔子级别的中小企业和数以百万计的租赁蚂蚁群，尤其是挖掘机、装载机、推土机等常规土石方设备，市场存量为350万台（套）以上，绝大多数都依赖租赁兔子和蚂蚁群体的经营，极度碎片化。

设备所有者碎片化、操作手碎片化和租赁公司的碎片化，使施工现场管理复杂，管理成本提高，大大抑制了设备经营和管理的集中度，这也为大象级别的租赁公司在中国的出现造成了障碍。市场如此碎片化，以后如果要在中国市场上出现像美国联合租赁（URI，设备类型达几千种、数量达几十万台）这样的大型租赁公司，有可能要经过很长的时间，或者在相当长的时期内都不可能出现。国内工程机械设备租赁市场的实际情况与美国和欧洲同行的对标市场条件是完全不同的。

8. 零配件供应链的碎片化

就2020年市场的设备保有量，每年工程机械零配件的市场需求达3000亿元人民币以上。零配件供应链也非常碎片化，以挖掘机为例，全国零配件供应链上的兔子和蚂蚁约2万家，从业人员8万人以上，挖掘机国内零配件的供应，80%以上由非大象商业链体系的兔子和蚂蚁提供。

9. 二手机交易的碎片化

在全国工程机械设备近千万台（套）的保有量下，二手机交易成为工程机械市场的重要组成部分。然而，由于市场各个环节都呈现碎片化的趋势，二手机的交易也朝着碎片化方向发展。可以看到的是，全国90%以上的二手机交易是由兔子、蚂蚁群体交易完成的，在2018年全国二手机市场的各类兔子和蚂蚁超过了12万人。比如在挖掘机的二手机交易中，每年总交易额的95%以上是由二手机蚂蚁完成的。在2017年挖掘机二手机的交易中，经蚂蚁群体成交的约50万台（次），交易额大约为1500亿元人民币。

遍布全国数以十几万计的二手机蚂蚁用微信、快手、抖音、小微平台等形成了几十万计的小循环商业圈。这类小循环交易模式高效率和低成本的特点，形成了二手机的最终实际的交易模式。

三、碎片化后的市场商业模式

图1-2所示为碎片化后的商业模式，展示了当下中国工程机械市场在碎片化后的市场形态。

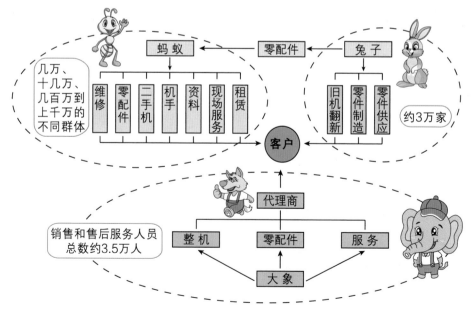

图1-2　碎片化后的商业模式

我们可以看到碎片化后的商业模式中，围绕客户这一群体，大象提供整机、零配件和相关服务，通过狼（代理商）为客户提供服务。其中，大象和狼组成的商业链中销售和售后服务人员，在2019年总数约3.5万人。

此外，兔子（还有部分蚂蚁）通过零件制造、旧机翻新等方式，由自己或者借助蚂蚁群体为客户提供现场维修、零配件供应、二手机交易、设备租赁、技术资料、操作手等多元化的直接服务。这个商业链在不同的专业领域板块下，参与其中的兔子、蚂蚁服务人员已达上千万人的规模，这就是存量市场下以客户为中心的碎片化后的市场商业链生态。

四、各类兔子、蚂蚁的优势

工程机械设备使用地和终端用户非常分散，从大城市到乡镇，从沿海到内地，从内陆到高原，设备使用条件和工地的气候、地区文化及生活习惯等都有巨大的差异，这些差异客观上衍生出了为设备提供最及时、方便、高效率的服务群体——遍布全国的各种各样的兔子、蚂蚁群体。这些群体在提供工程机械服务上有巨大的竞争优势，主要体现在如下几个方面。

1. 自我驱动力和奉献精神

兔子、蚂蚁群体是以家庭和亲戚朋友为单元的团队，具有无限的工作驱动力。实行改革开发和市场经济给了普通老百姓一次千载难逢的改变自己命运的机会，一批恰逢其时的劳动者把这个机会紧紧握在手中，并把它变成获取财富和改变自己命运的强大动力。

2. 与客户零距离服务

只要有设备存在的地方，就有各类蚂蚁在提供服务，甚至有相当一部分的蚂蚁工作、生活都与客户在一起，服务的覆盖率几乎百分之百，这是大象和狼的商业体系无法做到的。

3. 通信手段和运营联络

解决信息不对称的主要工具是互联网，数以万计的蚂蚁构成了几十万计的微信、抖音、快手、朋友圈等商业圈，有数据，有图像，有视频，有支付，完全能满足各种各样的经营交易需求。这样高效率的即时信息交流和互动，是以大象和狼为中心的销售和服务管理系统无法做到的。

4. 物流与库存的便捷

当今物流行业发展迅猛，蚂蚁可以借助物流来最大化地利用兔子的库存，在一定程度上做到了兔子的库存就是蚂蚁的库存，或者说，蚂蚁的库存是在物流的"路上"，节省了对仓库的投入成本，节省了库存资金和零件积压的资金投入。

5. 网上支付手段

微信、支付宝的线上支付，为蚂蚁和兔子提供了效率极高的支付手段，尤其是在施工现场服务时，即时购买和即时支付，极大地提高了工作效率。

6. 技术专业服务水平

十几年来，各世界级品牌大象培养了成千上万的各种各样的技术人员，这些人员约80%以上转变成了各类蚂蚁，其中相当一部分是大象培养出的优秀人才和行业精英，一些蚂蚁的专业技术水平不在大象的专业服务人员之下。

7. 经营利润和个人收入甚高

蚂蚁的经营方式投入很小，工作效率高，产出快，利润高，个人收入很高。

8. 二手机交易的优势

工程机械设备的使用寿命大多是十几年，每年二手机的交易量是新机销售的好几倍。二手机的交易涉及三个问题。

一是买卖信息不对称，即如何让分散的设备和分散的买家之间交易效率最高。

二是诚信问题。二手设备的发动机、液压系统、工作装置、易损件等情况复杂，对其性能和质量判断困难，相关的二手设备信息、卖家信息、支付等各个环节也很难保证相关信息的真实性，在交易中消除欺骗作假存在很大的难度。

三是二手设备需求和价格的周期规律。买家的购买动机和对设备性能及价格的接受度，还有买家对购买时间的选择和卖家对二手机价格周期的认同，这就导致了不同买家和卖家对同样质量的二手机价格的心理预期差别非常大，最后成交价格的差异在5%～15%不等。

这几年，在市场上也出现了一些二手机互联网交易平台，它们最重要的经营方式是通过二手机的标准化交易来运行的。可是，如上所述，二手机交易不是标准化的商业交易方式，商业标准化对二手机交易的需求不是必要充分条件。这一矛盾的结果必然是二手机平台的交易量有限，当下全国线上二手机平台交易量最多不到实际市场交易量的5%。反之，二手机非标准化交易的特点，正好能发挥蚂蚁交易的优势，二手机交易的碎片化正是为蚂蚁和客户双方提供了更大的议价能力，更适合二手机蚂蚁和兔子群体经营，为蚂蚁、兔子群体提供了一个高利润的赚钱机会，具有强大的生命力。

从以上各点综合起来可以看出，后市场的各方面经营要素包括通信联络、仓库、零件、运输、技术资料、服务价格及服务人员的技术水平及服务的工作效率。蚂蚁、兔子群体在这些要素中都有强大的竞争力，对终端客户有巨大的吸引力。相比之下，大象的传统商业体系已经失去了优势，甚至处在非常劣势的位置上。

五、互联网平台任重道远

针对当前工程机械市场的碎片化形态，尤其是后市场的零配件供应、修理和现场服务、技术资料提供、技术人员培训、二手机交易、工程机械租赁等的碎片化，行业内外不少相关企业机构和投资者及创业者，都希望借助互联网这一高效平台来整合碎片化形态，试图为供给方和需求方的交易提供一个崭新的服务渠道。或者说，集合行业的碎片化形态，提高业务集中度，打造出互联网平台化的中大型现代企业。

从理论上说，这一做法是完全合理和行得通的。近几年我们也能看到工程机械行业中出现了许多平台化的互联网公司，有一些是社会资本扶植的大型互联网平台，还有许多兔子级别的中小平台，提供行业内零配件供应、租赁及二手机交易等服务。

可是，通过这些年的市场实际情况看，这些大大小小的互联网平台的经营并不是很顺利，为什么会这样呢？我认为主要是遇到了如下两方面的痛点。

1. 没有垂直有效的商业模式解决平台的具体业务

这一点，就以行业中最为普遍和数量最多的零配件供应平台来举例。

① 工程机械零配件的生产源头，是从大象规模的海内外专业制造商到兔子级别的中小生产厂家。这些生产厂家作为产品的供应方（Supply），都有各自的分销渠道和自身品牌的线上销售平台。就当下各种各样的互联网多品牌零配件平台与这些制造商的交易关系，究竟什么样的商业模式可以适应市场，还有待探索，具有不确定性。

② 对于这些互联网多品牌零配件平台，如何把产品交易到终端客户，即零配件产品从平台到设备施工现场的所谓的"最后一公里"的解决方式，是直接面对客户（2C）还是再次分销（2B），至今没有切实解决。或者说，平台与下游的兔子、蚂蚁包括对终端用户的服务方式如何形成，具有不确定性。

③ 工程机械零配件产品种类复杂。工程机械设备本身就有几千种类型，而每一种设备上的零配件数量又是从百种到万种不等。更何况，由于品牌的不同，型号的不同，更新年代的不同，原厂件/副厂件的不同，翻新件/拆车件的不同，使得配件分类和型号及零件编号极其复杂。保守估计，零配件种类至少是数十万以上，这将大大增加互联网多品牌零配件平台的经营和管理难度。

2. 互联网流量变现的难题没有解决

行业内一些资本扶植的互联网公司所青睐和擅长的，包括互联网融资信奉的核心竞争力都是流量变现模式。可事实是，工程机械互联网流量大部分被海量的兔子、蚂蚁夺走，这就形成了产业互联网的致命痛点：有流量无利润，或者是有流量低利润。换句话说，互联网企业不解决工程机械行业流量变现的痛点，在现有的市场形态中生存是非常困难的。

显然，平台化互联网公司的出现，是为了整合市场碎片化，但是也可能恰恰是因市场的碎片化而失败。工程机械行业的平台互联网化还有很长的路要走。

六、对大象和狼的冲击

1. 大象和狼的经营利润大幅下降

在传统的以大象为中心的商业体系中，尤其是对称霸全球市场、实力雄厚的外资大象，后市场是工程机械设备厂商实现产品溢价的重要环节。大象追求的利润结构是2/3利润来自后市场，1/3来自新机销售。后市场的利润曾经是其商业链整体经营利润的重要部分。

不过，由于中国工程机械市场的碎片化，后市场的绝大部分利润都被转移到了兔子和蚂蚁身上，这使得大象和狼的经营利润率和整体商业链的经营回报率都出现大幅下降，已经完全失去了曾经的辉煌。

2. 大象和狼对兔子、蚂蚁的"围剿"

市场碎片化的出现，兔子和蚂蚁的"夺食"，抢走了终端客户和原本属于大象与狼的商业利益，这是以大象和狼为中心的商业体系完全不能接受的，必然出现"反夺食"的竞争。

对于竞争，人们使用的手段不尽相同，正如英国作家查斯特·菲尔德在《一生的忠告》中写的："对待竞争对手的态度有两种，一种是极端温柔，一种是非常凶狠。"多年来，大象和狼一直采用一切可能的经济手段和商业措施（"围剿和消灭"），希望越过中间环节——兔子和蚂蚁，试图维持原有的与终端客户的直接业务关系，包括大象对兔子的各种法律诉讼（商标、专利、知识产权等）；大象还对自己旗下的代理商与兔子私下来往交易进行各种惩罚等。

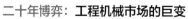

市场的碎片化，不仅仅是中国工程机械市场化衍生出来的一种更高经济效率的市场形态，从另一个角度看，显然也是以大象和狼为首的群体对兔子和蚂蚁的抑制商业手段（"围剿和消灭"）的反作用结果。

二十多年来，大象"围剿"的结果是：

① 在大象的设备销售出保后，终端用户的现场修理和服务90%以上由蚂蚁和兔子直接提供；

② 大象对每单台设备的零配件"纯正品"的销售量流失了40%～80%；

③ 大象所谓的"纯正品"零配件的价格下降了30%～70%；

④ 狼的零配件销售的30%～70%来源于兔子或蚂蚁提供的产品；

⑤ 相当多的大象的产品制造供应链不得不选择和接受兔子供货；

⑥ 大象培训过的各类技术和售后服务人员大量流失，加入了兔子和蚂蚁群体。

这一结果的产生，反映了中国制造业的崛起，也反映了中国工程机械行业内的基层员工自主创业、励志发家致富的无限自我驱动力。

七、对市场占有率的影响

如前所述，在世界知名品牌的外资大象的商业模式中，工程机械在新机销售上的利润仅仅是小部分，每一台销售出去的产品后续生命周期中所有商业环节的利润才是外资大象利润的主要来源，其盈利主要是通过自身建立的独立封闭的产业商业链来获取。中国工程机械市场的碎片化瓦解或摧毁了外资品牌大象封闭、独立的商业体系，深度且广泛地影响了其品牌的市场覆盖率，必然导致外资品牌大象的产品销售市场占有率的跌落。

存量市场下以旧换新、二手机与新机销售的置换所占的比重越来越大。而在碎片化的业务循环中，市场主流是各类蚂蚁和兔子的商业小循环，外资品牌大象的商业模式在这一市场形态中显得苍白无力，在市场竞争中完全处于劣势。

碎片化为客户提供了接受品牌多元化的机会，为国产品牌提供了巨大商机，也为国产品牌大象新机销售和提高市场占有率提供了客观条件。

图1-3所示为2008—2019年中国挖掘机市场占有率变化图。我们能从图中看到，十几年来，外资品牌大象的占有率普遍大幅度下降，尤其是日系品牌大象，尽管它们在中国市场的传统商业模式体系最为成熟，市场占有率也曾经多年排名榜首，可是在2018年的市场占有率中，日系品牌大象最高的排名仅第7位。冰冻三尺非一日之寒，这种巨大的变化不是偶然的，这与中国工程机械市场的碎片化、供应链的社会化有直接关系。

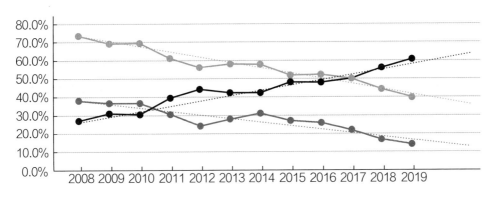

年份	2008	2009	2010	2011	2012	2013	2014	2015	2016	2017	2018	2019
国产占有率	26.8%	30.9%	30.7%	38.9%	43.8%	42.1%	42.2%	48.3%	48.1%	50.2%	55.8%	60.2%
外资占有率	73.2%	69.1%	69.3%	61.1%	56.2%	57.9%	57.8%	51.7%	51.9%	49.8%	44.2%	39.8%
日系占有率	37.7%	36.4%	36.2%	30.5%	24.3%	28.1%	30.8%	27.0%	25.5%	21.5%	16.5%	14.0%

图1-3　2008—2019年中国挖掘机市场占有率变化图

八、走向白色家电的发展趋势

中国制造业的崛起，国产品牌大象的崛起，市场碎片化的出现，打破了外资品牌大象在中国市场传统商业模式中的全方位封闭和垄断态势，颠覆了外资大象商业模式的基本运作方式。

从2018年的情况看，可以预见，未来一些国产大象可能面临生存危机，一些外资品牌大象可能会被挤出中国市场，或许更长一段时间里，白色家电的市场分配格局可能在工程机械领域出现。

工程机械市场碎片化的实质是相关市场各种资源和供应链配置的社会化。

随着中国制造业的崛起，碎片化的现象还在继续，社会化资源配置的趋势势不可挡。

各种品牌大象，尤其是外资品牌大象，包括其代理商对市场产业链中的客户、产品、配件、技术和服务能力的封闭和垄断，已经一去不复返。碎片化和供应链社会化，使各类海内外品牌大象丧失了巨大的利润空间，尽管各类品牌大象都不愿意面对这个事实，但是又不得不接受它的客观存在。

蚂蚁和兔子的存在是市场的客观需求，是客户的选择。毫无疑问，在今后的中国工程机械市场中，蚂蚁、兔子与大象共舞是工程机械市场的主旋律。不论是外资大象还是国产大象都应该思考如何构建开源式、生态化的商业模式。通过有效组织社会化资源赋能于蚂蚁和兔子，能够掌握市场主动权的商业模式之一就是与兔子和蚂蚁合作，共同提升行业服务能力和整体效率。

一言以蔽之，得兔子、蚂蚁者，得天下。

第二章

碎片化购买力

创新是否成功不在于是否新颖、巧妙或具有科学内涵，而在于是否能够赢得市场。

——现代管理学之父　彼得·德鲁克

我曾受邀参加行业市场研究讨论会、二级市场证券基金公司的行业闭门讨论会，其中涉及工程机械市场购买力的核心问题，为此，我就几个重要问题展开如下讨论。

一、核心问题

1. 购买行为与产品及销售过程，哪一个更重要

每到年底，我们都会看到许多关于工程机械的行业研究报告，报告里有大量的数据、众多的图表，还有各种逻辑推论和预测。这些报告大多来自对市场进行大量调查的记录和总结，试图向我们说明当前工程机械的行业现状，理清市场逻辑并推测未来的发展方向。

但如果我们静下心来仔细研究，就不难看出这些数据图表的观点主要是从大型制造厂家的角度来分析和研究问题，更多的是对大型制造厂家的产品特性、制造过程及销售策略的描述，而关于谁是这些产品的最终购买者（终端客户）、为什么要购买等经济行为的分析（动机和结果）却涉及不多。那么，如果要更准确地描述或解释、预测行业的变化，制造厂家的产品生产和销售过程因素与最末端客户的购买行为的因素，哪一个更重要呢？

2. 如何解释宏观经济参数与工程机械市场的"非理性"现象

如何更合理地解释工程机械设备销售量的增加和减少？如何判断和预测工程机械的市场周期（或康波周期）？工程机械设备是生产资料和国家建设的基本工具，涉及众多的宏观经济参数和政治背景。毫无疑问，这些宏观经济参数是工程机械市场变化的重要依据，工程机械市场的周期和规律及设备的销售量，都与这些宏观因素的变化有直接的因果关系。具体来说，至今为止，大多数相关研究主要是从房地产、基础建设、固定资产投资这几个宏观参数来对工程机械市场做出分析判断和预测的。

可是，从这些宏观因素到工程机械设备的终端客户产生具体购买行为之间还有很远的距离。挖掘机是工程机械设备中最有代表性和市场销售额最大的设备。以挖掘机为例，图2-1～图2-3展示了十多年来挖掘机的销售量变化与宏观经济参数的关系❶。由图中的数据可以看出，仅仅根据这些宏观因素来对工程机械市场进行预测分析是不全面的，甚至连一些"非理性"现象都无法解释。

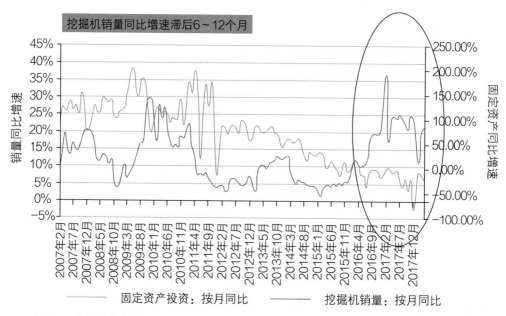

图2-1 中国挖掘机销量同比增速与固定资产投资同比增速的"非理性"的"剪刀差"

---

❶ 资料来源：Wind方正证券研究所吕娟《工程机械行业系列深度报告》。

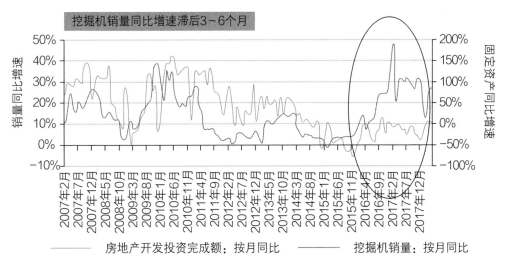

图2-2　中国挖掘机销量同比增速与房地产开发投资完成额同比增速的"非理性"的"剪刀差"

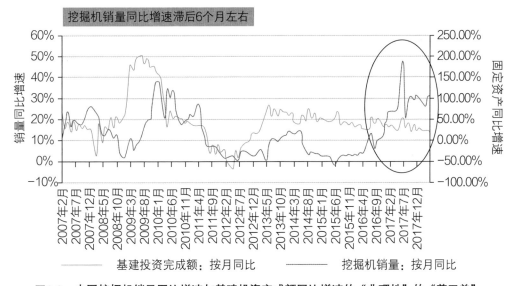

图2-3　中国挖掘机销量同比增速与基建投资完成额同比增速的"非理性"的"剪刀差"

从以上图可以看出，在2016年之前，国内挖掘机的月销量同比增速与固定资产投资额、房地产开发投资额、基建投资额同比增速相比是对应的，最多是滞后几个月。而在2016年之后，这三者宏观参数的月同比增速逐渐回落，而挖

掘机销量的月同比增速却持续向上增长。也就是说，当基本建设和工程量没有增加，甚至是下行时，工程机械的销售量却仍然保持上行增量的状态，甚至短期剧烈增加。宏观经济数据与实际挖掘机销售量出现了"非理性"的"剪刀差"。我认为，这类现象在中国工程机械市场还会出现。那么，对此"非理性"的现象应该如何解释呢？

3. 最末端购买客户的经济行为究竟是什么样的

"非理性"的现象与中国经济的复杂性和工程机械内部的复杂变化密切相关，并且，如上所说，从这些宏观因素到工程机械设备的终端客户的具体购买行为之间，还有很远的距离，这里面又夹杂着许多经济因素。为研究和描述工程机械市场的变化及解释这些现象，我们不得不关注对工程机械销售量产生直接影响的最末端购买客户的经济行为，即谁是末位的设备购买者？他们的购买动机及因果关系是什么？他们的经济行为对工程机械市场有什么样的影响？

4. 本书的分析研究方法

至今为止，我见到的各种分析方法和思维逻辑，大多是自上而下的，即把更多的注意力放在宏观经济参数和政治背景的影响力以及海内外各大制造厂家（大象）的产品和他们的市场战略上。这种做法固然有一定道理，也是必要的，可对中国市场来说，由于工程机械市场的碎片化和相关资源配置的社会化（本书的主要理论基础），全国几万家中小企业和几千万工程机械基层从业者的经济行为，使工程机械市场的复杂性和不确定性大大增加，传统的市场观察和分析方法并不能完全对此做出更合理、准确的解释和判断，对分析和总结工程机械市场的规律和预测将来的发展也有一定的困难。

考虑到这种情况，本书以自下而上的逻辑顺序，从工程机械市场碎片化产生的最末端购买者群体——几千万的兔子、蚂蚁群体的直接购买行为来进行分析和思考，提出"碎片化购买力"的概念，并对此做出描述和分析，以此对工程机械市场的需求和销售量的变化做出一些解释和补充，希望能对工程机械板块及相关领域的投资，对相关市场的研究和分析提供些参考。

本书从以下几个方面展开论述。

① 什么是碎片化购买力。

② 碎片化购买力产生的市场环境。

③ 碎片化购买力"非理性"现象。

④ 碎片化购买力是几千万行业从业者谋生的手段。

⑤ 碎片化购买力对市场的影响。

⑥ 碎片化购买力需求的四个要素。

二、行业市场背景

1. 大型工程公司和央企的轻资产化

二十多年来，各类中国的工程施工公司，包括央企在内，除了大型及特殊性工程设备，常规施工设备的自主采购和自主管理使用，已经证明是效率低下的经营模式。为此，近几年来，绝大部分央企工程施工公司选择了轻资产化的工程机械设备资产管理方式，他们会优先选择设备租赁的经营模式而不是直接购买，这为碎片化购买力提供了客观的市场环境。

2. 工程施工的分包、外包及设备的租赁、转租的商业模式的形成

随着国内的建筑施工市场竞争日益激烈，分工越来越专业化，工程施工的分包和外包、设备租赁、设备转租的商业模式，已经是当下国内基础建设施工中的基本运营方式。这一模式分化出了众多专业分包的中小微企业，它们提供设备租赁和承担工程分包服务，而兔子和蚂蚁是其中的最主要角色，施工现场常规设备的90%以上由兔子、蚂蚁提供，同时，兔子、蚂蚁还承担了对应的施工分包业务，这已经是国内非常普遍的工程项目实际施工方式。

3. 工程机械设备融资租赁销售方式的出现

以蚂蚁和兔子群体的社会经济地位而言，其自身的资金能力非常有限，想要获得银行的资金支持也比较困难。国内银行贷款的主要方式是房屋类打折后的抵押贷款，而经济落后地区的房屋固定资产抵押，大多不予接受或折扣更低。工程

机械设备的融资租赁销售方式，是通过将购买的机械设备进行抵押贷款，融资手段灵活，也不受地域限制。这对急需设备又严重缺乏资金的兔子、蚂蚁群体，犹如雪中送炭。工程机械设备融资租赁的销售方式适时地出现，为兔子、蚂蚁群体获得了金融支持，让他们有了购买和经营工程机械设备的可能性。

4. 兔子、蚂蚁群体的竞争力

兔子、蚂蚁群体在工程机械市场的竞争力在上一章已经详细讨论了，在这里，我想说的是，兔子、蚂蚁群体也是建筑施工中最基础的经营单元，在当下中国建筑施工市场的激烈竞争中，低成本、低利润是最重要的竞争要素，而兔子、蚂蚁极低的成本和经营的灵活性，是中国"基建狂魔"的施工商业链中不可取代的组成部分，具有持续的生命力和竞争力。

5. 大量小微型"以机代人"机械设备的使用

中国劳动年龄人口的减少和人工费的大幅上升，"以机代人"——用小微型工程机械设备替代人工，以提高生产效率是必然趋势。小微型工程机械在市政工程、园林水利、农业等领域广泛运用，它们的施工场景和低廉的价格，包括管理经营，都很适合兔子、蚂蚁群体购买使用和经营，这类机械设备的购买力也是非常典型的碎片化购买力。

三、市场基础构成

1. 工程机械市场的存量基础数据

根据相关的公开统计数据整理，2008—2017年的工程机械设备存量大约740万台（套），2018年全年销量约100万台（套）[出口约20万台（套）]，截至2018年底，国内总量估计约820万台（套）。

目前中国市场的存量是复杂的，准确统计比较困难。上述公开的数据还应该考虑到如下因素。

（1）以上统计是以相关设备10年使用报废为基础的（10年以上还在使用的设备，未见公开统计数据）。实际上，由于工程机械的碎片化和相关资源配置的社会化，后市场有数万家的兔子、蚂蚁从事零配件制造和供应链的相关工作，零配件价格极其低廉。维修成本的大幅降低，使得工程机械设备的寿命大大延长。在施工现场，还可以经常看到已经工作20多年的工程机械设备。

（2）未包括二十多年来累计进口的新机和进口的二手机，未见公开统计数据。

（3）未包括非官方统计品牌（中小制造厂家）的累计销售量，未见公开统计数据。

（4）未包括每年几万台小型的、简易的、非标准的产品的累计数量，未见公开统计数据。

（5）值得注意的是，以上公开数据涉及的设备类型只包括挖掘机、推土机、装载机、平地机、摊铺机、压路机、轮式起重机、塔式起重机、叉车、混凝土搅拌输送车、混凝土泵车、混凝土泵、混凝土搅拌站。不包括高空作业平台、各类发电机组、各类钻机、沥青搅拌站、铣刨机、凿岩机等其他特殊性设备；也不包括园林工程机械特殊设备。

2. 本书对市场存量的估计方法及估计值

为方便对存量市场的估算，我们对上述复杂情况进行了简化计算。以有关各方公开数据的最低值为基础标准，以我个人从业经验进行系数1.2倍加权，即市场估计最低值×1.2来作为本书参考数值。那么，到2018年底全国工程机械的存量最低估计值：

$$820万台（套）×1.20 ≈ 1000万台（套）$$

显然，从这一情况来看，至今为止也没有更好且准确的统计和计算方法。以这一方法估算的市场存量最低值约1000万台（套）（2018年底），也只是一个参考数据而已。工程机械的市场存量和种类，比我们一般的认知要复杂得多，而且数量是巨大的，对市场的存量准确统计非常困难。

3. 存量市场的碎片化

关于存量市场的碎片化，上一章也有讨论。在碎片化的商业模式中，围绕

客户这一群体，大象提供整机、零配件，通过狼（代理商）为客户提供服务。其中，大象和狼组成的商业链的售后服务人员，在2019年总数约3.5万人。

此外，兔子（还有部分蚂蚁）则通过零配件制造、旧机翻新等方式，由自己或者借助蚂蚁群体为客户提供现场维修、零配件供应、二手机交易、设备租赁、技术资料提供、操作手等多元化的直接服务。这个商业链在不同的专业领域板块下，参与其中的服务人员已达上千万。这就是存量市场下以客户为中心的、在碎片化后的市场商业链生态（详见第一章图1-2）。

4. 存量市场的工程机械设备所有权性质

以工程机械市场中最具代表性的挖掘机为例，根据公开的数据和我三十多年来的数据积累，现有存量挖掘机的所有者95%以上为蚂蚁和兔子。即使大公司集中购买的新挖掘机，大多在工作3000～5000小时后，也会作为二手设备交易到蚂蚁和兔子手里。对当下存量市场下的约1000万台（套）的设备，其中以高集中度企业经营的约占30%，碎片化混合经营的约70%，而这70%中又有约90%为兔子、蚂蚁类的个人、小微企业所有，其估计值在630万台（套）以上。

5. 工程机械相关从业人员数量

工程机械设备的购买者、机主、二手机贸易商、操作手等，以及现场服务修理、租赁、物流、运输、零配件供应链、二手机翻新、中小修理厂、技术资料提供的各类蚂蚁或兔子，不同群休的数量为几万、几十万到几百万，其中最大的群体是操作手蚂蚁，约1000万人。为此，以市场实际情况估计，如果以每台设备涉及的相关从业人员1.5～2人为系数（最低估计系数）估算，那么，以1000万台（套）的最低估计值下，当下工程机械市场的相关从业人员的最低估计值约1500万～2000万人。

6. 蚂蚁和兔子从业身份的交叉互变的不确定性

从设备的机主蚂蚁、二手机贸易蚂蚁、操作手蚂蚁、修理蚂蚁、租赁蚂蚁、物流蚂蚁、运输蚂蚁，到零配件供应的蚂蚁或兔子级企业，这最低估计值在1500万～2000万人的群体中，他们的从业身份随每个商业小循环的盈利变化而交叉互变。一旦设备经营有相对较好的盈利，就很有可能会产生直接购买或集资入股购买设备的需求，进而实现从业身份的转变。

7. 蚂蚁、兔子基本群体带动设备购买的投资群体

工程机械设备每台的售价从几万到几百万元，碎片化购买力的最重要特点就是兔子、蚂蚁的家庭成员和亲戚朋友，或相关碎片化产业链的同事合伙集资购买，一般是每台（套）2~3人（企业行为集中度高的设备除外）。就以上述的兔子、蚂蚁的小微企业所有权下的630万台（套），以合伙投资人最低估计值的2~3人来计算：

最低市场存量估计值×（2~3）人=最低合伙投资人数量

即：630万台（套）×（2~3）人=1260万~1890万

这是投资群体的最低估计值，因为许多设备投资是以家庭或亲戚朋友为单元的，投资人数远不止每台（套）2~3人，而且合伙与入股的原因不仅仅是资金问题，还有碎片化购买力经营内部不同分工的互补性需要。

那么，工程机械碎片化购买力涉及的投资群体，保守估计，最低值也有1260万人以上。

8. 碎片化购买力的群体和其结构

（1）相关碎片化购买力的数量

所谓工程机械市场最末端的客户群体，就是上述的约1000万台（套）设备，1500万~2000万从业人员，以及由此带动的最低估计值1260万~1890万的投资群体。他们是个人或合伙或小微企业的经济小循环体（自身产业链内互补合作），组织方式多种多样。同时，他们也是行业中最基层的创业者群体，其购买力就是所谓的碎片化购买力。

（2）碎片化购买力的组织结构

一般来说，以工程机械设备为生产资料的经营活动，会涉及投资者、决策者、经营管理者及现场从业者，多是以多层次的企业行为来运行。而碎片化购买力的组织形式，却是从设备的投资者到终端现场的设备使用者的几层角色的

高度重合，兔子、蚂蚁承担了几乎全部角色和功能。

四、动力来源

1. 蚂蚁和兔子群体的社会经济地位和就业机会

国家的基本建设遍布全国各地，相当一部分的工程项目在经济落后地区，开山放炮，修路架桥，工作环境极为艰苦。蚂蚁和兔子群体的社会经济地位包括对恶劣工作环境的适应性，这些基本建设项目为他们提供了大量的就业和创业机会，尤其是工程机械市场的碎片化和相对资源的社会化，使得经营工程机械相关业务比从事其他就业更有竞争力，更容易生存和获利。

2. 投资工程机械回报与银行存款利息收入相比较

就国家基本建设的项目施工而言，不论是项目的分包还是工程机械设备租赁，其商业链利润率都是在两位数以上（尤其是国家基本建设的初期），碎片化购买力群体投资工程机械设备经营的利润，要比银行存款利息收益高一些。

3. 从融资租赁公司获得资金支持

利用融资租赁销售购买设备，对蚂蚁和兔子群体中的绝大多数人来说，可能是唯一可以获得银行金融支持的贷款方式。融资租赁公司提供合适的设备，并帮忙办理复杂的融资手续这一模式，对急需设备又严重缺乏资金的蚂蚁群体（尤其是在边远的经济落后地区），是获得金融支持的最直接、最简单和最方便的方式。

4. 低廉零配件使设备寿命延长，降低了投资风险

如上一章所述，工程机械碎片化的产业链使零配件价格下降了30%～70%，对代用品价格的影响甚至更多，极大地降低了设备维修成本。而蚂蚁和兔子本身对此又具有专业优势，最终结果是大大延长了设备的使用寿命（包括使用成本更低的二手工程机械设备），大幅降低了投资成本，缩短了投资回报周期，一定程度上平衡了市场经济周期波动的风险。

5. 碎片化购买力内部经营的可操作性

碎片化购买力下，投资经营工程机械设备，不需复杂的管理系统，组织结构简单，非常适合兔子、蚂蚁群体这类社会属性下的小经济循环体的形成和运营。就这个群体的知识结构和经济地位，合伙投资工程机械设备，不论是对外部市场的接洽业务，还是从内部管理的工作分工和利润分配方式，都比其他投资更为有效和容易管理。

6. 碎片化购买力内部小循环合作的高效率

碎片化购买力的相关者都是产业链上的各类兔子、蚂蚁，从合伙采购设备、经营管理、现场设备操作维修保养，都是"自己人"，如果再能"拉上"施工方管理人员合伙，获客能力和收款率又有了保障，使工程机械市场商业链的各功能完全互补，其结果一定是经营效率高，成本低，机器使用寿命长，二手机残值高。在国家基本建设中，他们是基层施工群体中竞争力最强、工作效率最高的基础经济单元。

五、四大底线

任何投资都需要考量投入产出比，也要深思其背后的长远经济效益。对于碎片化购买力投资而言，也有自身的投资底线。据我多年来对这一群体的经营活动的观察，以下是碎片化购买力投资核算的四个底线。

底线一：只要有能比打工高一点的收入

与企业行为不同，兔子、蚂蚁并没有太多的经济指标。兔子、蚂蚁一般认为，扣除经营成本，全年收入能够比打工工资高就行。对于主要专职经营人员来说，平均每月收入在几千元以上，就是兔子、蚂蚁可以接受的收入。

底线二：只要投资回报比银行存款利息收入高

尽管当下设备的投资回报周期从前几年的3～4年，延长到现在的7～8年（新设备）。但是，只要平均年投资回报率在两位数以上，投入资金可在10年之内收回，相比当下其他的传统行业，对兔子、蚂蚁来说，还是不错的投入回

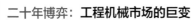

报率。

底线三：只要设备最终是可以变现的

无论投资回报周期多长，只要最终的二手设备能够销售变现。一般来说，在两个行业市场周期内（8～10年）总会有1～2次相对高价的设备变现机会。

底线四：只要设备购买后能有活干（设备使用率）

蚂蚁和兔子群体对相关工程机械的国家宏观政策关心有限，更关注的是设备的使用率，只要能满足以上几个条件，有活干就行，多赚少赚总比没有活干强。只要可以继续谋生，就有继续经营或采购设备的动机和可能性。

六、对行业市场的影响

1. 工程机械市场的基础购买力

碎片化购买力的实质是把工程机械的生产资料的属性和其企业经营行为，扩展为几千万行业基层从业者谋生的工具和手段。它伴随着几千万人的生命存在，发挥着无比强大的自我驱动力和顽强的生命力。在如此巨大的千万级的群体中，即使是百分之几的成功者或者失败者，他们的选择都会对工程机械市场产生巨大的影响。

2. 碎片化购买力与宏观经济参数的"非理性"的"剪刀差"现象

经济学家凯恩斯有句名言："市场持续非理性的时间总会比你能撑住的时间更长。"因此，把握市场的"非理性"现象，对于我们应对市场变化非常重要。

以上的购买动机，会组合衍生出不同的碎片化购买可能性。其中一种可能性是：宏观经济环境很差，寻找其他就业机会更加困难，一般工资水平更低，银行存款利息进一步降低。那么只要满足了"四个底线"，就会促使碎片化购买力产生继续购买设备的动机和合理性。这也是蚂蚁和兔子群体把工程机械设备的生产资料经营变成自身谋生的核心意义所在，也是为什么当宏观经济参数在下行或基本建设工程量不增加的时候，工程机械设备的销售量反而出现"非理性"的上升。

　　从逻辑上说，还有另一种可能性：即使宏观经济情况很好，工程量也足够多，银行存款利息非常高，其他就业机会多且收入更高，劳动强度更低，那么即使"四个底线"能够被满足，碎片化购买力的增加还可能是合理的吗？也就是说，即使房地产、固定资产投资等宏观形势很好，也不一定是与碎片化购买力呈上升的线性逻辑关系，工程机械设备的销售量也不一定是增加的。

　　到这里，不由地让我想起罗伯特·希勒在《非理性繁荣》里提到的："在股票市场上，'真实'是不那么重要的，重要的其实是'大众反应'。"而这种"剪刀差"正是大众心理的真实反映。

　　尽管对碎片化购买力和所产生的"非理性"的"剪刀差"不能准确、可量化地一一对应（如前面所说统计的复杂性），但是这一概念的提出，相信已经能极大地帮助大家理解工程机械市场的整体变化，包括对其周期的预测。这种"非理性"的现象还会反复出现，这将证明碎片化购买力概念存在的合理性。

3. 就当下经济环境，碎片化购买力仍是促进购买行为的增加

　　碎片化购买力群体身处的社会经济环境，决定了他们可选的投资和就业机会并不多。碎片化购买力的经营目的更多的是谋生，对设备投资回报率要求也很低。显然，只要能满足"四个底线"，尤其是最后一个条件——只要购买设备后能有点活干，那么，就当下的市场经济环境而言，这个千万级的巨大群体继续购买工程机械是他们相对合理的选择。

4. 小微型工程机械设备销售量节节攀升

　　"以机代人"的小微型设备和低廉的价格都适合兔子、蚂蚁群体购买。从公开数据中可以看到，2019年全国基本建设的工程量没有明显增加，可是挖掘机的销售量却大幅攀升。其原因就是2019年小微型挖掘机的销售量约占总销量的61%，约12.7万台（详见第十二章图12-1）。这就是一个"非理性"现象下（不对称性）的非常典型的碎片化购买力表现。

七、对降低施工成本的意义

1. 碎片化购买力最低回报与工程机械产生的经济价值的巨大差值

工程机械设备本身作为经济建设中生产资料的基本属性，使其能够创造很大的经济价值，而碎片化购买力相关者以此为工具，仅仅是以谋生作为经济回报的目标。这两者之间巨大的经济价值的差值，正是碎片化购买力对中国工程机械行业和对国家基本建设的巨大贡献，也是中国"基建狂魔"高效率和低成本经营的因素之一。

2. 为什么施工和设备租赁价格一直走低时，仍然有人争先恐后地抢着干

工程建设施工离不开设备的购买、使用、管理、修理及售后服务。中国基建的高效率、低成本的竞争力与碎片化购买力息息相关。理解了工程机械的碎片化购买力，就很容易理解为什么在中国建筑施工市场上，尽管工程施工价格和工程机械设备租赁价格在持续走低，仍然有人要争先恐后地抢着干。

3. "只要是设备能有点活干"是施工项目方的"核武器"

显然，在碎片化购买力的"四个底线"中，"只要设备购买后能有点活干"是碎片化购买力的核心要点。设备的承租方或者工程施工的主包方，正是以此要素为"核武器"，去讨价还价降低施工成本。

八、一个长久的市场现象

首先，如上所述，我们知道工程机械市场的碎片化购买力现象是客观存在的事实，是工程机械市场中最基础的需求，也是最末端客户的购买实情。可非常遗憾的是，许多年来，众多传统的观察和研究都认为这是"暂时性"的现象，尤其是认为它"不正规"，扰乱了市场正常的次序，需要"被规范"。可这一现象在中国工程机械市场和建筑施工市场已经"被规范"了十几年了，它依然顽强地存在着。它的存在恰恰说明了中国制造业的崛起，体现了在工程机械行业中上千万兔子和蚂蚁的巨大创造力和顽强的生命力。碎片化购买力已经

是无法绕开和回避的客观事实。

其次，无论宏观经济的好坏，只要碎片化购买力的"四个底线"不能满足，就会导致工程机械市场需求下降。尤其是在"没有一点活干"的时候，不论市场宏观经济环境的好坏，那都是工程机械市场销售量急剧萎缩的开始。

最后，碎片化购买力对工程机械行业各类商业模式的影响也是多样化的。工程机械设备的租赁、修理、二手机流转、施工现场服务、零配件供应链的各种商业模式的变化都离不开碎片化购买力的影响。

总之，工程机械碎片化和相关资源配置的社会化，其背后是中国制造业的崛起，而碎片化购买力是中国改革开放在工程机械行业中基层劳动者迸发出的巨大创造力。这种来自几千万基层劳动者的力量是一个长久的市场现象，未来最多是外显的结构变化而实质不会消失。

第三章

美国式的租赁巨无霸
会在中国出现吗

商业成功源自紧随市场脚步。

——美国马里兰大学帕克分校商学院教授　威廉·尼克尔斯

　　或许有人好奇，全国工程机械的设备租赁市场规模究竟有多大？对于这一问题，虽然没有官方公开统计数据，但我们依然能用两种办法估算出来。

　　其一是根据国家基本建设规模：2018年17.82万亿元，2019年18.59万亿元。从建设施工的角度来看，设备使用费一般为工程建设费的8%~20%（包括人工费），由于当下工程施工企业的轻资产经营和工程机械市场的碎片化，因此有1.49万亿~3.7万亿元（2019年）的设备使用费基本为设备租赁费。

　　还有另外一种估算法，目前市场上的工程机械设备存量约1000万台（套），估算平均20万元/[台（套）·年]的收入（包括人工费），每年工程机械设备租赁费约2万亿元人民币。

　　上述这些估算法可能会有些出入，比如，前一估算法中的设备使用费中要包括少量的自用设备费用。后一估算法中，土石方设备的租用约95%，塔吊设备的租用几乎100%等。但有一点是肯定的，全国工程机械设备租赁市场是万亿级人民币的规模，如果再加上"一带一路"项目，设备需求就更多了。

　　我们还可以看到，中国工程机械设备租赁市场的一个非常重要的特点，就是极度的碎片化。全国工程机械设备租赁公司究竟有多少，虽然未见过公开统计的数据，但就我估计，包括从事工程机械设备租赁业务的兔子和蚂蚁（中小微企业），是百万数量级的经济单元规模。少数的较大规模设备租赁企业（营业额过亿），主要集中在各大品牌的名下和极少数的专业设备租赁公司。

一、租赁市场"掘金热"

正如网上流传的一句话："整合就像是滚雪球，你的雪球越大，越容易滚动，滚进来的东西也就越多。"在马太效应下，竞争的结果常常表现为强者愈强、弱者愈弱。工程机械设备租赁领域，通过兼并和收购来实现扩大市场份额和产业升级是很多品牌大象常用的手段，美国设备租赁的巨无霸企业"联合租赁（URI，United Rentals Inc.）"便是其中代表。

美国联合租赁（URI）通过并购整合的方式迅速扩大企业规模，并通过设备的规模集中采购大幅降低成本，提升利润，快速增加了市场份额，形成了强大的规模经营效应，从而成为全球最大的独立设备租赁商。在2018年，URI拥有约143亿美元的租赁设备资产，在美国和加拿大有近1200个租赁点，超过65万台（套）（4000多种类）租赁设备。2018年租赁营业额超过80亿美元，税前利润约15亿美元，在美国财富500强上排名第424位。

在2019年，资本方开始对中国工程机械租赁业感兴趣，资本方的进入和各品牌大象相继投入更多设备扩大租赁业务。国内设备租赁大企业庞源、宏信、华铁、众能、徐工广联共增资了数十亿元人民币，同时，有许多社会资金进入租赁业，包括一些创业型公司。中国的许多租赁企业都雄心勃勃地制定了企业发展规划，并声称其对标企业是"美国联合租赁"，都希望发展成为中国版的"美国联合租赁"。

正因为有URI这样的先例，不禁有人产生疑问，就中国工程机械设备租赁市场的巨大规模和市场环境而言，像美国URI式的租赁巨无霸会在中国出现吗？

从近几年中国市场的实际情况来看，在存量市场下，由于资本方的进入和各品牌大象的租赁设备大量投入，市场租赁价格大幅下跌。以高空作业平台为例，资本的大量投入使2019年的高空作业平台的租金下降了25%～50%，预计接下来

的几年还会继续下降。这也引起了众多的租赁兔子、蚂蚁的思虑：今后中小租赁公司的市场出路在哪里？这就是中国市场要出现巨型租赁公司的前兆吗？

经营性租赁是工程机械行业从制造业转型服务业的重要部分，在我30多年的工作经历中，一直关注着URI的发展，曾就设备租赁业务本身和URI的复杂性做过大量研究和分析。现在就此议题，以最初级的几个基本要素做简单阐述，仅供读者参考。

二、大型租赁公司的六个要素

工程机械设备租赁模式是行业中最复杂的商业模式，URI的成长用了20多年时间，其涉及的相关要素很多，以下只是以相关大型设备租赁企业的六个基本要素为例来说明，并不是对URI全方位的解读。

1. 规模不经济

就传统的经营性设备租赁公司或者单一类型的工程机械设备租赁企业来说，其经营利润率与租赁设备规模是成反比的，这是几十年来行业的基本客观规律。规模经营效益递减是由于工程机械设备耐用品的属性及规模经营的规律所致。比如兔子、蚂蚁类小规模设备经营出租率有可能在90%以上，而大型租赁公司出租率要低得多（尽管URI的高出租率在全球著称，也是在70%以下，其他大型设备租赁公司更低）。同样，兔子、蚂蚁类小规模经营对设备的维护和管理更为有效，其二手设备的处置，都要比大公司的价格高10%～15%。也就是说，设备租赁公司的规模与其经营效率并不是成正比的线性关系。

2. 设备的种类比数量更为重要

为解决上述（第1条要素）矛盾，增加租赁设备的种类是规模经营保证合理利润的必要手段之一，同时也是平衡相关行业周期风险和宏观经济风险的最基本商业模式。在不同宏观经济环境下，在基本建设市场和工程机械市场发生变化时，通过各种各样不同种类的机械设备的经营，提供市场出现的不同需求和对应风险。比如，URI持有近4000种类型设备，从广义上说，就是提供了

4000种平衡手段对冲市场各类周期性风险，以保证其规模经营下必要的利润。

3. 不是自我发展而是组合兼并

为追求上述目标（第2条要素），大型综合设备租赁公司的成长过程，牵扯内部各类不同设备的专业人才培养，各管理层次团队的建立，各类不同设备技术工人的积累，以及企业外部对不同类型业务关系的建立，管理网络系统的形成，与各类不同设备供应商的共赢关系的建立等。为此，像URI这类大型租赁企业的成长过程，即使有充足的资金，完全靠自身一步步发展，也没有现实意义，甚至是不可能的。比如，URI在20多年来，就有300多次的并购和组合。也就是说，如果URI完全靠自己的积累来发展，就以2018年143亿美元的资产规模为终点，假设以1亿美元资产为起点，每年1亿美元的增幅，也需要142年！没有现实的商业意义。

4. 各类经济周期的对冲和平衡

大型设备租赁公司经营最重要的要素之一，是如何平衡和对冲全球或某个国家及地区的宏观经济周期性风险、行业周期性风险、基本建设行业周期风险。不仅如此，反过来说，还得知道如何利用这些风险和周期，来获得最大化的利润和经营优势。比如，不擅长利用基本建设行业周期和机械设备行业周期，没有在设备销售价格低潮时大量集中采购设备，没有在二手设备市场高价时处置二手机，都会丧失难得的获利良机。

5. 连续融资能力和资本运作技巧

毫无疑问，为解决上述几个问题，关键要素是钱——有连续的巨额资金注入，这是成为像URI这类巨无霸的必要充分条件。而且，这类巨额资金的注入，并不只是资本方的简单投资，而是从一级市场到二级市场的联合的资本运作。当然，这也需要有丰富经验的资本运作高手。比如，URI的300多次的并购和组合，不仅要平衡相关各方的商业利益，还得符合金融市场的规则，使其最终能达到理想的并购和组合目的。

6. 需要两个以上的经济周期的积累

工程机械是周期性行业，涉及宏观经济周期、基本建设周期和相关设备的生命周期。以我之见，形成像URI这样的企业的过程，人才的成长和管理系统的成熟，适合市场需求的设备种类的合理结构的形成，企业自身利润的积累，尤其是组合兼并的商机，需要跨越几个经济周期。URI的成长，从1995年到现在，跨越了美国几个宏观经济大周期和基本建设及工程机械自身的许多小周期（见图3-1）。更确切地说，如果没有几个经济周期的震荡，形成许多中小设备租赁公司生死相交的冰火两重天，兼并和组合形成新公司的成功率和成本结构是完全不一样的。

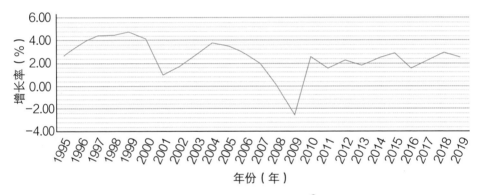

图3-1　URI成长环境与美国GDP[1]周期

根据现在中国的经济环境和工程机械市场的发展情况，以我之见，出现中国版的URI巨无霸，至少需要2～3个大经济周期，6～10年的时间。

三、行业的五个认知误区

彼得·蒂尔在《从0到1：开启商业与未来的秘密》里说，"……市场具有随机性。你无法明确地或实质地了解任何事情，而且多样化变得极其重要。"

---

❶ GDP，Gross Domestic Product的缩写，意为国内生产总值。

正因如此，我们需要结合中国市场的实际情况来看待工程机械设备租赁行业的发展。市场环境不同，各类设备租赁及平台化的租赁公司成为大型设备租赁公司的成长路径肯定也不同。此外，很多人似乎对工程机械设备租赁行业有所"误会"，下面就几个相关问题进行简单讨论。

1. 同一类设备的大量采购是否明智

工程机械设备租赁是一个周期性很强的行业，如何对抗宏观经济周期、基本建设周期和设备的生命周期的影响，大型设备租赁公司同一类设备存量的多少是一个关键要素，对其利润率有直接的影响，甚至影响到企业的生存。比如，即使宏观经济繁荣，如果基本建设规模从高层建筑的建设，转移到了一般交通设施或地铁等地下工程，那么，由房地产繁荣催生的大量塔吊设备就会闲置，这些设备可能会长期积压，产生损失（二手设备卖不出去），直至下一个行业周期的到来。

2. 模仿URI的设备种类比例是否是智慧之举

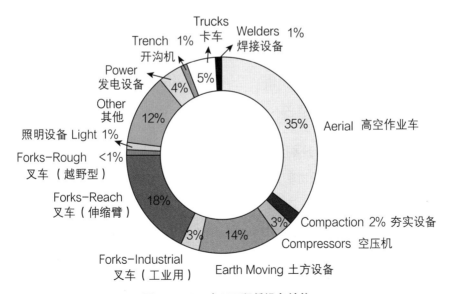

图3-2　2018年URI租赁设备结构

图3-2所示为URI在2018年的租赁设备结构。许多人对这一结构津津乐道，以为找到了中国版URI的门道。按照这一设备结构的比例，需要拥有大量的高空作业设备（22多万台，占比35%），这似乎已经成为中国版URI的一个追求目标，这也是当下许多租赁公司对高空作业设备大量采购的原因之一。可是，就中国市场实情来看，这一逻辑合理吗？

（1）URI的这个设备种类结构，是URI已具巨无霸的经营规模和对应美国2018年的市场需求，也不是20多年前它创业时的设备结构。那么，对当下中国版URI的初建有参考意义吗？

（2）当下中国基建施工还是以土石方混凝土设备为主（"一带一路"项目同样如此）。现在中国高空作业设备的市场存量10多万台（2019年），其租赁额总量约80亿元，以全国工程机械设备租赁市场2万亿元的规模来计算，高空作业设备租赁仅占大约0.4%的市场份额。假设它的存量翻了3倍，为30万台和240亿元的营业额，也就是大约占1.2%的市场份额。那么，以高空作业设备租赁0.4%～1.2%的市场需求，模仿URI，把高空作业设备设定为整体租赁设备总量的三分之一以上，这会是当下成为中国版URI巨无霸的合理设备结构吗？

显然，在当下的中国基本建设市场的实际需求下，以高空作业设备为主的租赁设备结构，肯定不是成为中国版URI的租赁设备结构，只是一个大型高空作业设备专业租赁公司的需要而已。当然，就中国设备租赁市场的需求，大型高空作业设备租赁公司也是必不可少的。

3. 投资方有那么多并购资金吗

以URI在美国的市场份额12%为参照，就当下中国市场2万亿元的规模而言，中国版URI年营业额应该是2400亿元，即使高估它的自身营业额，假设它从零起点并且每年有20亿元的增速，五年内它可有100亿元营业额，那么其余的2300亿元的营业额要靠收购兼并而来，如果参考URI收购兼并价格（8～10倍的营业额的兼并购买价），五年内需要1.84万亿～2.3万亿元的并购资金，就当下中国工程机械市场的实情，谁会有这么多钱呢？

4. 整合都是有意义的吗

许多工程机械设备租赁公司、互联网租赁平台和某些创业公司，自信整合的魔力，以整合作为租赁企业发展或扩张的一个核心竞争力，可当下蚂蚁、兔子的低成本和高效率几乎发挥到极致，如果整合后的效率没有兔子、蚂蚁类的经营效率高，也没有创造价值，就只是交易流量增加了。如果有流量没利润，或利润相对更低，这种整合有意义吗？这样的企业可能长久生存吗？烧钱毕竟总是有尽头的。

5. 被兼并的标的物成熟了吗

（1）同样，理想的被兼并租赁公司的成长也需要时间和周期的磨炼。当前，在中国工程机械市场极度碎片化的环境下，对兔子、蚂蚁兼并组合并没有多少优势，至少得是大兔子规模以上的才有意义。而类似URI当年兼并的300多个理想的各类优秀的专业租赁公司，在中国市场上很可能还没有"生出来"或者还在"婴儿期"。

（2）从当下的中国工程机械市场实情和商业人文环境来看，如果仅仅是为了兼并而兼并，很可能是"只兼并了铁（设备），而没有兼并到人（客户群体与管理人才）"，这并不是兼并的目的。

四、"行业领袖"

各类专业租赁企业的发展，往往是立足于大大小小的不同商业链，具有强烈的市场经济多元化色彩。这些企业的文化多种多样，各有其魅力和优势及短处和劣势，想要兼并组合，使得"1+1＞2"，并不仅仅要考虑资金问题，还需要具备商业领袖的号召力、谈判智慧和统领能力。

URI的创始人Bradley Jacobs是一个有影响力的商业领袖，他在创立URI之前，已经成功并购、整合了数家公司上市。其中最有名的是United Waste Inc.（美国联合垃圾公司），在短短8年间就完成了200多笔并购计划。垃圾行业和工程机械行业都是非常草根的领域，对它们的兼并组合，自下而上跨度之大，

Bradley Jacobs 先生的能力和影响力绝对不一般。同理，中国版URI的成功也会催生其行业的商业领袖。

五、兔子、蚂蚁会消失和绝灭吗

如本书前两章讨论的内容，行业内存在几百万蚂蚁和兔子的租赁业务经营单元，涉及约1000万台（套）设备、2000万从业人员，工程机械碎片化和相关资源配置的社会化，其背后是中国制造业的崛起。这种来自几千万基层劳动者的力量，是在中国改革开放下，工程机械行业中基层劳动者迸发出的巨大创造力。正如路遥在《平凡的世界》中所说，"只要能切实地收获，劳动者就会在土地上产生一种艺术创作般的激情。"这份激情衍生出的力量是源源不断的，不可能是昙花一现。

即使在美国市场，URI的市场份额也就在10%～15%，前十名的租赁大象市场份额加起来就30%左右。同样，在日本市场，所有租赁大象的总份额也是在40%左右，其余的市场份额属于中小企业。唯一不同的是，美国和日本的蚂蚁、兔子的体量更大一些，都是进行企业行为的商业活动。但是，工程机械设备租赁的多层次、多元化的市场需求的大格局是一样的，设备租赁市场的大部分服务是离不开中小企业的。兔子、蚂蚁与大象共舞是主旋律，尤其在中国，兔子、蚂蚁这一群体是不会被消灭的。

总而言之，中国基本建设的巨大规模是工程机械设备租赁市场需求的基础。结合经济发展形势，以及建筑业国有企业和建筑工程公司的轻资产经营方针的继续，工程机械设备的租赁需求只会增加不会减少，是万亿级人民币的市场规模。在此背景下，催生出中国式的URI巨无霸是大概率事件，包括各类工程机械设备专业租赁大象的出现。

在中国经济环境的背景下，工程机械碎片化和相关资源配置的社会化（本书的主要理论基础），中国URI式的租赁巨无霸或者专业设备租赁大象，它们的产生过程一定也是中国式的，不可能与美国URI的形成过程完全一样，其过程离不开数字化基础上的物联网，与传统行业的组合和创新，及中国式的产业金融手段。就本书以上的讨论分析，我估计，在中国市场出现本土URI式的租赁巨无霸，这一发展过程大概还需要6～10年的时间。

第四章

被高估的高空作业平台市场需求

有效决策要避免两个误区："过分相信经验"和"过分相信自我"。

——现代管理学之父　彼得·德鲁克

随着中国经济发展和工业化水平的提高，我国高空作业平台（aerial work platform，AWP）设备的销售量实现连年增长。然而，伴随着销量增长的却是AWP设备租赁价格的大幅下跌。2019年到2020年，AWP设备的租赁价格下跌了25%～50%（与2016—2018年相比），这在全球同行业内实属罕见。几年来一直被许多专家、学者和投资者看好的中国工程机械市场内的最后一片"蓝海"变成了"红海"。

AWP设备租赁价格的大幅下降，使得行业内不少相关企业经营困难，效益下降，并引起了许多焦虑和议论。在议论中，常常伴随着谴责声，一些人抱怨几个AWP租赁大象之间的价格战是恶性竞争。我认为，把AWP市场租赁价格的大幅下降仅仅归因于几个租赁大象的价格战，这种观点是浮于表面的。我们都知道，市场的供求关系是影响市场价格变化的主要因素。我在市场调研中发现，多年来，许多人对中国AWP市场的需求量存在着误判。为此，我们应该从更深层次和更大空间来剖析这种现象，梳理其中的因果，从而能够更加理性地对待中国AWP市场的各种变化。

一、AWP市场的迷雾与真相

英国作家威廉·葛德文说过："人总是根据自己对事物可取与否的认识来

行事的，人们所犯的错误大多数都可以归因于他们对于提供的东西抱有狭义和不全面的观点。"因此，对于中国高空作业平台市场需求的判断，我们需要全方位的观察和调研，不能一概而论。

对于"中国的AWP市场需求究竟有多少"这个问题，近几年来最流行的理论和观点，都是基于近几年美国、日本、欧洲发达国家的AWP市场情况而产生的。根据行业统计数据，北美AWP的市场保有量约为65万台（2017年），欧洲十国❶AWP的市场保有量达到了29万台（2017年），日本AWP的市场保有量10万台（2016年），而新加坡AWP的市场保有量则为1.2万台左右（2016年）。就以上这些情况，导出了下面的这些观点。

（1）作为全球第二大经济体，中国的AWP市场刚刚起步，到2016年底，中国的AWP市场保有量仅有3万多台。以欧美、日本的市场存量比例，中国境内的AWP市场数量几年内将会是几十万台，甚至是上百万台。这表明中国市场拥有巨大的AWP需求潜力。

（2）从2016年AWP设备的人均保有量来看，中国境内每万人的AWP市场保有量仅为0.7台，远低于美国的18.2台以及欧洲十国的8.2台。这说明中国AWP市场拥有较大的提升空间，比如，以美国的市场保有量来推算，中国市场2018年合理的保有量就应该是80万台以上了。

（3）美国每10亿美元建筑支出对应的AWP约700台，以此比例推算，按照2018年我国建筑业GDP约6.18万亿元测算，对应AWP保有量约65万台（对应建筑业）。

（4）在2016年，美国、新加坡等国家每产生0.3亿美元的GDP（国内生产总值），市场上就有一台AWP设备；而中国市场当下每产生5.19亿美元的GDP，市场上才有一台AWP设备，二者约有17倍的差距。同样，如果以美国的市场保有量推算，中国市场现在就应该有近百万台AWP设备的保有量。

以上这些观点，原本是高空作业设备的外资品牌制造商刚刚进入中国市场时，对全球AWP市场的介绍和宣传的观点和逻辑推理，为的是达到在中国市场

---

❶ 欧洲十国指英国、法国、意大利、梵蒂冈、奥地利、德国、瑞士、希腊、捷克、冰岛。

促销目的。而此后多年，经由业内各方力量的盲目推崇，这些论调已经成为行业流行的市场需求评估理论，似乎这就是AWP设备的中国市场需求的定位、投资和增产的理论基础。然而，事实并非如此。

二、为什么无法对标发达国家

虽然我国对AWP的需求不断增长是不争的事实，但将中国的市场对标美国、日本、欧洲等发达国家和地区的量化观点却是片面的。其中的原因，我认为有以下几点。

1. 中国与发达国家的工业化处于不同的发展阶段

美国、日本、欧洲等发达国家和地区已经处于后工业化阶段，这一阶段的重要特征是第三产业是国家GDP的大头（美国的第三产业占GDP的75%以上）。AWP产业的特点是绝大部分AWP设备用于租赁业，而租赁业又是典型的第三产业，AWP设备与之同步渗透到社会经济的各个商业领域。AWP设备的服务不仅仅是建设领域，还有商用领域和生活领域，甚至家庭和日常生活领域。

目前，中国还处于工业化阶段，或者说处于后工业化的初级阶段。中国市场对AWP设备的需求，主要还在基本建设领域（约占90%），而在商用领域和生活领域的运用非常有限。欧美和中国对应AWP市场需求的经济领域有着较大的差异。这些差异并不能简单地依靠AWP制造厂家的销售手段和租赁商的经营能力来改变，因为还关系到一个国家或地区所处的工业化发展水平。目前，中国要达到第三产业占GDP总额的75%，还需要非常长的时间。由此可见，仅仅以中国与发达国家AWP市场设备存量的差异，来判断和预测中国AWP市场当下的需求是非常片面的。

2. 中国不同经济领域的发展也具有不均衡性

发达国家的经济水平，在其国家内部各地区相对均衡，差异不大，基本在同一个经济水平阶段，这与中国的情况大不相同。就我们国家而言，珠三角、长三角和环渤海地区已经进入工业化转型期；东北三省、中部和西部地区尚处于工业化中期的后半阶段；而西北地区的工业化水平处于工业化中期的前半阶段。由于国内东部大城市、沿海地区和经济相对不发达的中西部地区处于不同的工业发展阶段，它们对服务业的需求完全不同，因此对租赁业的AWP市场需求也不同。

比如，我国东部大城市及沿海城市的制造业发达，其工业领域配套和服务对AWP设备的使用频率较高，需求较多，而西部的AWP设备只会在诸如楼房、隧道等基础建设中零星使用，使用频率较低，市场需求明显不多。所以对中国市场的AWP需求不可一概而论。以发达国家与中国整体AWP市场做一般性比较，而忽略二者市场的特殊性，显然，这是对中国经济区域的发展存在的差异性缺乏常识性的理解。

3. 我国不同地区的人均GDP有显著差异

在发达国家，AWP设备租赁渗透到家庭和日常生活的服务行业当中，我国居民在AWP设备消费能力和消费意识上，远远不及美、日等发达国家。比如，在我国西北和西南等经济相对落后的地区，老百姓对自家房顶进行维护时，大多数还是使用梯子进行作业，或其他更加传统的方式。

为什么他们没有想到去租一个AWP设备呢？因为他们没有这样的经济能力去支付额外的费用。这也是为什么当下国内AWP的市场需求主要集中在上海、北京、广州、深圳等大城市和沿海发达地区（这些地区拥有较高的人均GDP）。

为此，按照上述以每万人均保有量百分比，美国18.2台/万人，欧洲8.2台/万人（2016），以此推算，当下的中国对AWP设备的市场需求是110万～237万台，这符合中国当下的实际情况吗？

4. 我国基建周期影响AWP的市场需求

中国工程机械设备租赁市场是万亿级人民币规模，AWP设备也是工程机械租赁市场的一部分，但是所占份额却很小（仅占0.4%～1%）。即使国家的宏观经济繁荣，国内基建很活跃，但是对AWP设备的需求来说，只有其功能和用途与基建周期中不同施工类型的需要重合时，才可能出现更大需求缺口。那么，仅以国家GDP的数值多少，而忽略不同国家GDP的结构和内容的不同，来对应AWP的市场需求，从逻辑上是不合理的。

三、市场供求类型的差异

AWP的市场需求受工业化程度、经济发展差异以及基建周期影响。那么，我国和发达国家在AWP市场方面有哪些差异呢？

AWP在市场的差异主要体现在商业、工业和建筑领域。图4-1～图4-3所示为美国联合租赁、美国赫兹租赁的客户分类情况。

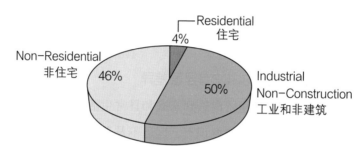

图4-1 2016年美国联合租赁客户分类

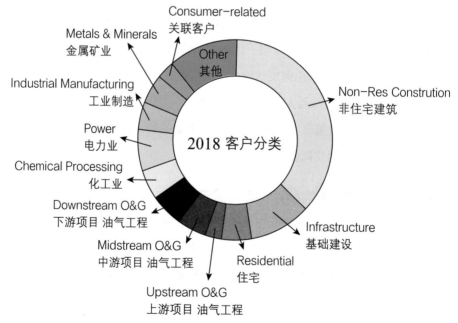

图4-2 2018年美国联合租赁客户分类

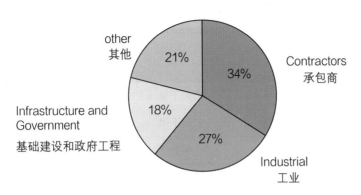

图4-3　2018年美国赫兹租赁客户分类

从图中可以看到，美国联合租赁公司与美国赫兹租赁公司的业务分类（约20%～35%的设备为AWP设备服务），在基础建设和住宅两项加起来约占20%，其他均为工业和商业领域。而且，对住宅或非住宅建筑的服务多是对现有建筑的维护和维修，与中国基建投资的建设新项目概念完全不一样。而中国AWP市场主要集中在基本建设（约占90%，包括工业厂房建设）领域。这三个领域的差异，涉及美国与中国整体国民经济发展水平和市场末端消费方式的不同，这种不同，不可能仅仅是靠工程机械市场或AWP市场这个小小的经济板块的努力就可以改变的。所以说，用美国、日本、欧洲发达国家的AWP设备存量来考量中国市场，想法是不是过于简单了一些呢？对AWP市场观察需求是否太表面化了呢？得出的结论是否有误呢？

由于中国没有行业公开数据统计，我们无法对当下国内的AWP市场需求进行准确的定量分析，不过，三十多年来，我通过下面这个简单的方法，对设备租赁市场做了分析和判断。

工程机械设备（包括AWP）的经营性租赁业务，出租率和出租价格是两个重要的参数。通过这两个参数的变化和相互关系，可以比较直观地了解市场供需关系和租赁市场的一般规律（见表4-1）。

表4-1　租赁价格、出租率和市场供求关系

短期市场供求关系		出租率		
		上行	保持	下行
租价	上行	求大于供	求大于供	—
	保持	求大于供	平稳	供大于求
	下行	平稳	供大于求	供大于求

　　就我整理的资料和市场调查来看，在2016—2018年，尽管AWP设备市场存量平均每年以同比50%左右的速度增加，AWP设备的租价和出租率两个参数都是保持或上行。从表4-1的规律可以看出，这三年的AWP设备租赁市场的基本状态是"求大于供"，而自2019年以来，由于AWP设备存量大幅增加（4万～5万台），租赁价格大幅下降25%～50%，出租率也有所下降，下降幅度5%～10%。结合表4-1的规律可以看出：我国当下AWP设备租赁市场的基本状态是"供大于求"的局面，或者说已经是一片"红海"了。

四、渐进式发展：稳扎稳打，拾级而上

　　随着中国落后地区的工业化发展和发达地区的后工业化转型，AWP设备在中国市场上的需求一定会达到相当的规模，不过，这一需求也是渐进式的，并不能获得突如其来的市场需求。AWP设备租赁是第三产业中典型的服务业，与第三产业的发展息息相关。美国第三产业的GDP占比由55%提高到70%花了20年，日本用了20年才使第三产业比重提高了9个百分点，法国第三产业比重从37%提高到67%花了40年！中国第三产业要发展到占GDP的75%（2021年的数据约54%）还需要一段非常长的时间（十几年甚至是几十年）。

　　正如培根所言："跛足而不迷路，能赶过虽健步如飞但误入歧途的人。"我国AWP行业从前些年的中国工程机械最后一片"蓝海"变成了当下的"红海"，是符合中国市场实情的，这和当下工程机械行业设备存量市场的大背景

息息相关。AWP刚进入我国市场的初期，其业务收入以客户自行采购为主要构成。随着市场认知度的提高，制造厂商和专业设备租赁公司开始布局AWP设备租赁业务，AWP租赁市场也得以快速发展。随着AWP设备租赁市场的发展，我国的AWP市场将渐进式逐步完善。

五、一场没有答案的"混战"

根据华铁、众能、宏信、徐工广联几个AWP设备租赁大象公开发布的商业信息，近些年AWP项目的融资能力不断扩大。仅在2020年就有计划20亿～30亿元人民币的融资投入AWP项目，估计约有4万台AWP设备进入租赁市场，其中不包括市场份额为60%～70%的兔子、蚂蚁（中小微企业）的购买力。

通过上面的分析，我们可以预测未来AWP设备租赁市场的租赁价格将继续下降，出租率继续下行是大概率事件，相关AWP设备租赁企业的盈利能力继续降低也是意料之中的事情。那么，以后AWP的租赁市场竞争将更为激烈，AWP租赁市场的混战，不仅仅是租赁大象之间的争斗，诸多的兔子、蚂蚁也将参与其中。诸雄称霸，为王之争，成王败寇，孰存孰亡？这将是一个值得讨论的话题。

第二篇

工程机械代理商在中国市场的命运

第五章

市场格局的转变

呈现在我们眼前的，是一幅由种种联系和相互作用无穷无尽地交织起来的画面，其中没有任何东西是不动和不变的，一切都在运动、变化、产生和消失。

——德国思想家　恩格斯

上一篇内容讨论了中国工程机械市场当下的生态和市场模式的变化，本章将以自下而上的视角对中国工程机械市场的一些现象展开分析和讨论。

一、博弈与突破

总体而言，进入中国市场的外资品牌大象多是世界500强企业，它们实力雄厚，在全球市场称雄多年，可在中国市场却没能延续这样的成绩。这不禁令人深思：为什么会这样，造成这种变化的原因是什么。

深入解读中外两大阵营在中国市场的博弈，对研究和分析中国工程机械市场的实际状况和预见将来市场的发展具有普遍意义。这既是中国制造业继续崛起的需要，也是国产品牌大象要走出国门进入全球市场竞争的需要。相信有了这些外资品牌在中国市场的"前车之鉴"，国产品牌在全球市场上会走得更加顺畅！

当前，在中国工程机械市场的竞争中，关于海内外品牌大象的各种各样的研究和评价，包括思维角度和观察分析方法，大多是向领先者看齐，更多的是关注国产品牌大象如何由弱变强等问题，而对外资品牌大象由强变弱的跌落的研究和分析较少。显然，对于行业市场分析，只依靠此方法和路径，是远远不够的。为此，我将换个角度，从外资品牌大象的跌落、由强变弱的现象入手，从自下而上的视角来研究和分析，以此推理出其因果关系。

二、格局的转变

表5-1　　1999年和2021年世界工程机械企业前15的排名

单位：百万/美元

1999年				2021年			
排名	企业名称	营业额	创立时间	排名	企业名称	营业额	创立时间
1	卡特彼勒	12730	1925	1	卡特彼勒	24824	1925
2	小松	7350	1921	2	小松	19995	1921
3	凯斯	3800	1842	3	徐工	15159	1989
4	日立建机	3330	1970	4	三一重工	14418	1989
5	利勃海尔	2830	1949	5	中联重科	9449	1992
6	沃尔沃	2420	1927	6	约翰迪尔	8947	1837
7	英格索兰	2160	1871	7	沃尔沃	8846	1927
8	JCB	1850	1945	8	日立建机	8549	1970
9	特雷克斯	1690	1933	9	利勃海尔	7808	1949
10	神钢建机	1650	1930	10	斗山	7109	1896
11	久益环球	1020	1986	11	山特维克	5823	1862
12	住友建机	1010	1968	12	美卓	4443	1999
13	山特维克	970	1862	13	JCB	4000	1945
14	多田野	930	1948	14	安百拓	3923	1873
15	阿特拉斯科普柯	790	1873	15	柳工	3338	1958

表5-1所示为1999年和2021年世界工程机械企业前15的排名。从表格里的数据可以看出，外资品牌大象大多是近百年的老店，其市场份额在全球市场称雄了几十年是不争的事实。由于中国市场出现的巨大需求，在20世纪80到90年代，绝大多数称霸全球市场的外资品牌大象都以合资、独资或其他的方式进入

了中国市场，并且在相当长的时间内，以巨大的优势，继续称霸着中国工程机械市场。

行业内的国产品牌大象大多是20世纪90年代才开始起步的，而外资品牌大象已经有近百年历史。从表5-1的数据也可以看出，1999年排名前十五的企业里没有一家是中国企业，可是二十多年后的2021年，已经出现了四家中国企业，这些企业支起了全球工程机械版块的重要一柱，从某种意义上来说，已经改变了世界工程机械市场的格局。

三、外资品牌大象市场份额的变化

挖掘机是工程机械行业的明珠，在工程机械行业里非常有代表性。接下来，我们看看外资品牌和国产品牌的挖掘机二十年来市场占有率的变化情况。

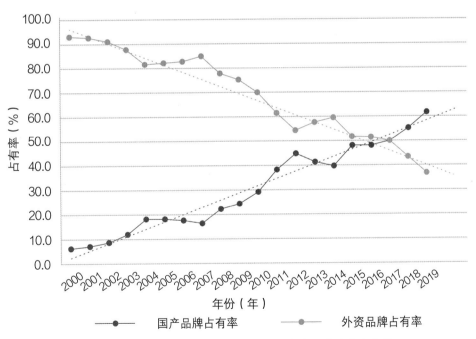

图5-1 外资品牌和国产品牌挖掘机二十年市场占有率变化图

图5-1所示为二十年外资品牌和国产品牌的挖掘机市场占有率变化趋势图。可以看出，近二十年来，外资品牌在中国市场的表现不尽人意。作为在全球市场上叱咤风云数十年的老品牌，外资品牌在中国市场的占有率从绝对优势高位的90%以上，一路下滑，下降到2019年的40%以下，尤其是近五年，更是大幅加速下滑，有着长达二十多年的跌落期（在2021年，外资品牌挖掘机的市场占有率已经跌落到20.3%）。

与此相反，国产品牌的市场占有率却是蒸蒸日上，二十年来一路上扬，从不到10%上升到60%以上。国产品牌由弱变强，格局大变（在2021年国产品牌的市场占有率已经上升到79.7%）。

我们再分别看看欧美系、韩系和日系外资品牌大象在中国的挖掘机市场的占有率情况。图5-2所示为欧美系、韩系和日系品牌挖掘机二十年市场变化图。

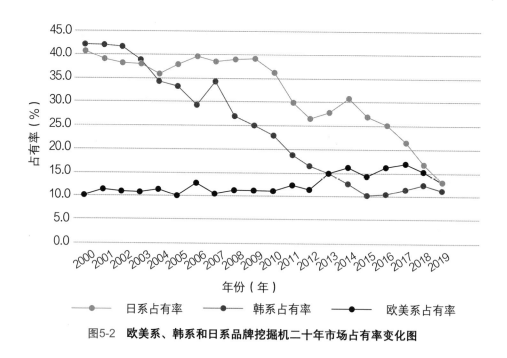

图5-2　欧美系、韩系和日系品牌挖掘机二十年市场占有率变化图

近二十年来，欧美系品牌大象在中国的挖掘机市场占有率徘徊在10%左

右，仅仅在近五年内有明显的提升，但是增幅有限，二十年的总售量排在最后，营业利润有限。

韩系品牌大象只是在初期时处于领先位置，而后是长达十五年的连续下滑期，只有在近五年内才保持相对稳定，保持在15%以下。不过，我们可以看到，其近二十年总销量是超过欧美系的，总利润并不差。

在中国市场的外资品牌大象中，日系品牌大象一直有很高的市场占有率，曾经凭借出色的产品性能以及在销售和经营服务等方面的优势，多年占据着中国市场份额第一的宝座，获得了丰厚的利润。此外，日系品牌大象自身的商业模式在中国也是最为完备和成熟的，其代理商——狼的数量众多，结构完整，战斗力强。可近十年来，日系品牌大象的市场份额却不断下跌，从市场份额的领先者变成最大跌落者，实在令人意外。因其如此特殊，我认为，对日系品牌大象在中国市场二十多年的变化进行深度解析，对于外资品牌大象在中国市场的整体跌落的分析研究，更具有参考价值和代表性。

令人意外的是，日系品牌大象的这一优势在十年的辉煌期过后，逐渐显得有些"力不从心"。图5-3所示为日系品牌大象挖掘机在中国市场的销售量和排名（黑色为日系品牌）。显而易见的是，近十年来，日系品牌大象挖掘机的市场占有率一路下滑，在销售量排名上，近十年最好的名次也仅仅是第七位（在2018年），曾经的辉煌似乎已经难以为继。

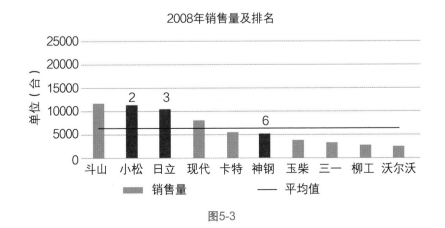

图5-3

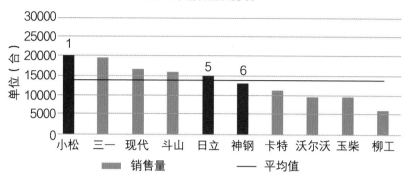

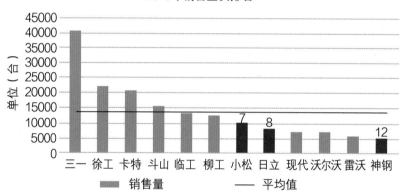

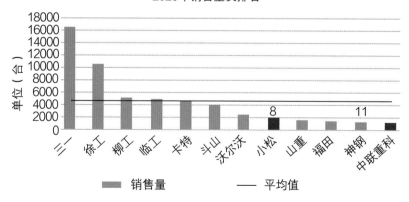

图5-3 **日系品牌挖掘机中国市场销量和排名**

四、日系品牌大象曾经的优势

其实，日系品牌大象早在20世纪60年代就开始关注中国市场，在80年代正式进入中国市场。相比行业内其他品牌，日系品牌大象在中国市场有较大的优势（尤其是在市场初期），主要表现在如下几个方面。

1. 产品质量优势

日系品牌产品一直以低能耗、高效率、省油等优点在全球行业内久负盛名，其产品的质量标准、技术参数和性能，相当长的时期内，在中国市场竞争中有着非常显著的优势。

2. 保有量优势

在市场初期的相当长时间内，日系品牌产品不仅仅在新机销售的市场占有率遥遥领先，二手机的市场保有量同样领先（据2008年累计进口数据，日系品牌二手挖掘机的保有量已超过90万台）。并且，其二手机的性能仍保持优良，甚至与当时的国产品牌新机相比也毫不逊色，这为日系品牌大象而后的市场扩张打下了良好而广泛的市场信赖基础。

3. 产品种类多

在市场初期相当长的时间里，日系品牌大象为中国市场提供的挖掘机产品机型种类是最多的。在2008年，日系品牌大象销售的挖掘机种类超过50种，而当时国产品牌产品的种类不到日系品牌的一半。

4. 年轻朝气的团队

曾经，日系品牌大象的中国职工的工资是国内同行的2倍左右，是普通工业系统的3倍左右，这一强大优势吸引了大量年轻人加入日系品牌大象的生产制造厂和商业团队中。那时，行业内的优秀人才在日系品牌大象体系内有相当大的比例，在很长的一段时期，优秀人才呈现"流入多，流出少"的良性循环。

5. 完备的代理商体系

利用代理商为其产品提供销售、服务及零配件供应等相关业务，日系品牌大象的这一代理商商业模式，曾经是中国工程机械市场中最完备和成熟的代理商体系，在相当长的时期内是同行学习的楷模。可以看到，2012年的日系品牌大象全国代理商群体有3万多人，是当时国产品牌大象代理商人数的3倍，其中销售和服务人员为8000~10000人，销售车辆和服务车辆为4000~5000辆，是当时国内最大的工程机械代理商销售服务群体。

6. 自身的职业培训体系

日系品牌大象建立了自身的职业教育和技术培训体系，为职工和客户提供专业的技术培训。精细化、系统化的职业系统培训方法，曾经被行业广泛地学习和模仿。

7. 零配件供应网

在2012年，日系品牌大象代理商零配件仓库数量约800个，库存总额约4亿元，售后服务迅速，是当时最完备和规模最大的售后服务体系。

8. 现代企业管理手段的应用

日系品牌大象最先使用IT技术，他们为每一台设备提供IT部件，建立了当时非常先进的全球设备管理数据库，可以为与他们合作的厂家与代理商提供业务管理软件，完备的零配件数据库，准确而高效的查询、库存管理系统，以及细致完备的各种技术资料。

五、日系品牌大象跌落的市场环境

如今，日系品牌大象曾经的优势和辉煌难再，远不如昔，不禁让人心生疑惑，为什么日系品牌大象在中国市场的表现变得如此之差？究其原因，我觉得最主要原因是中国市场环境的巨大变化。对于日系品牌大象在中国市场的跌落，其外部环境的影响主要有如下三点。

1. 中国工程机械制造业的崛起

二十多年来，中国工程机械产业伴随着中国基建和制造业的突飞猛进而快速崛起，成为全球最大的制造和保有量市场。2021年，全球工程机械企业十强中，中国已占有三席。中国工程机械行业在世界工程机械行业格局中占据重要的地位，对外资品牌大象形成巨大的竞争压力。

如前所述，2008年国产品牌挖掘机产品种类不足日系品牌的一半。可是到了2019年，尽管日系品牌生产的挖掘机机型种类已经增加到120种左右，可国产品牌机型的种类已超过250种，早已反超日系品牌，这就是中国工程机械制造业崛起的结果。

2. 市场的碎片化

中国工程机械市场的实情早已不是传统的商业模式，而是碎片化的商业模式。市场碎片化出现的实质是市场相关各种资源配置的社会化，打破了日系品牌大象原有对中国市场的封闭和垄断的商业模式，日系品牌大象和旗下的狼对终端客户、产品、配件、技术和服务能力的闭环式的盈利方式已经一去不复返了。

关于中国市场的碎片化，在第一篇前两章已经有详尽的描述。在这一现状下，日系品牌大象在中国市场面对的挑战，在此简单概括为如下几个方面。

（1）在2019年，全国工程机械各类售后服务蚂蚁约30万人（是大象服务人员的十几倍），挖掘机售后服务蚂蚁约20万人。全国90%以上的售后修理和现场服务都是由各类服务蚂蚁完成的。

（2）工程机械设备的零配件生产兔子约1万家，零配件供应链的兔子蚂蚁约2万家（从业人员约8万人），超过80%的零配件由非品牌大象体系供应。

（3）国产品牌和外资品牌大象的服务人员总和约3.5万人，以行业普遍认可的服务人员的最大贡献能力：25台/人为计算单位，只能提供约87万台设备的售后服务，占工程机械市场总保有量的10%左右，约90%设备的后市场服务是由蚂蚁和兔子提供的。

（4）外资品牌大象销售设备后，平均单台设备"纯正"零配件销售量，流失40%~80%，"纯正件"的价格下降30%~70%，部分零配件被兔子的产品彻底取代。

（5）挖掘机二手机交易的兔子和蚂蚁约12万人，每年95%以上的二手挖掘机交易额是二手机蚂蚁完成的。

（6）存量市场下，新机销售与二手机置换占的比重越来越大，掌握市场主流的是几十万的各类蚂蚁、兔子和近百万的商业小循环。日系品牌大象的传统商业模式在竞争中完全处在劣势。

（7）尽管日系品牌大象仍然有巨大的市场保有量（其保有量在2019年前一直保持中国第一），可其市场保有量的最大受益者却不是产品的制造者——日系品牌大象自己。这在某种程度上使得日系品牌大象自身，不仅丧失了巨大的利润空间，而且损伤了销售市场份额继续增加的基础。也就是说，设备的制造者并不是其设备的售后服务（包括零件供应等）盈利的受益者，这实际上是为兔子、蚂蚁"做了嫁衣"。

3. 残酷的价格战

国产品牌大象的核心竞争力之一就是低成本运作的优势。低成本运作不仅是推动技术革命、产品研发、企业运营变革的基本动力，也是价格竞争或价格战的基础。国产品牌大象与外资品牌大象二十多年来的竞争就是价格战的博弈。

想当初，日本的各种工程机械品牌大象，就是以价格战先在其本土市场上打破了美国卡特彼勒的垄断，随后顺势崛起，进入了全球市场。而如今，国产品牌大象的崛起和发展也都离不开价格战，与外资品牌大象竞争的重要手段之一也是价格战。

六、日系品牌大象对中国市场认知的局限性

关于企业发展，日本的"企业之神"坪内寿夫指出："不论从事什么事

业，都要能打破现状；安于现状就是退步，自以为现状已经很好，就无法再突破，必须不断破坏现状，而后才能创出新的天地"。处于中国市场的日系品牌大象们显然没有意识到这一点，他们在中国市场制定市场策略时故步自封了。

1. 日系品牌大象高层对中国文化的理解

早期日系品牌大象在中国的顶层高级人员，他们在华多年，对中国各方面都有比较深入的理解，他们在中国不断拓展人脉，广交各界朋友；经常走访市场，访问不同层次的客户。人脉的多元化和市场信息的多维度，使得他们对中国市场经济的理解有高度、有维度、有连续性，从而对企业经营相关的决策和执行误判较少。而当下日系品牌大象的中国顶层高级人员缺乏这样的智慧。日系品牌大象在中国市场初期暴利条件下，又保持了较高的市场份额，这使得在中国的日方决策层安于现状，故步自封，增加了企业决策的判断失误。这是日系品牌大象市场份额快速滑落的深层次原因之一。

2. 对中国客户需求的认知不足

首先，未能把握全球市场客户需求的一般性与中国客户需求的特殊性（见图5-4）。

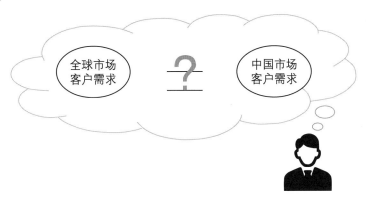

图5-4　日系大象对客户需求的认知

日系品牌大象称雄全球，具备了丰富的市场经验，却也因此形成思维定式。他们把在全球市场上的成功经验简单地嫁接到中国市场，忽略了中国市场的独特基因，把中国客户现在的需求视为日本客户曾经的需求或市场历史的重复，用此逻辑制定各种各样的销售和服务及产品选项的政策，与中国市场行情相左，实施起来的效果也就和计划目标相去甚远了。

美国投资大师杰西·利物莫在总结投资经验时表示，不顾市场情况，每天冲动地进进出出，是华尔街很多炒手亏钱的主要原因。这种情况恰恰是日系品牌大象在中国市场的真实写照。

其次，是对客户购买动机的理解不透彻：产品的"高性价比"和"高价高质"，哪一个是客户的优先选择。

在国内经济发展的快节奏下，工程机械设备的实际使用场景：在设备不发生停机故障的条件下，即使它的质量和性能有一些差异，其高性价比还是能为客户带来更多投资收益的。显然，产品的"高性价比"是中国客户的优先选择。图5-5所示为客户心中的"天平"。

图5-5　**客户心中的"天平"**

日系品牌大象过度依赖过往的经验，片面追求产品的高质量高价格，不仅忽视了中国客户关于产品性价比的需求，而且，参照日本市场的客户经历，认为如此现象是因为中国客户的不成熟。他们并没有及时对产品作出合理的调整，而是"静等"中国客户"成熟"后会有"明智"的选择。结果是其产品高性能高质量的优势逐渐减小，高价格劣势放大，产品性价比日渐走低，逐步丧失了在中国市场的竞争力，最终使得日系大象忠实的客户群体迅速缩小。

3. 自身的"傲慢与偏见"

首先，对中国制造业崛起的认知不足。

国产品牌大象针对日系品牌，从产品的市场定位、销售和代理商体系，有一整套具体政策和量化的措施。而日系品牌大象面对国产品牌大象的挑战，"傲慢与偏见"导致其产生了一系列的误判。比如，长期以来，日系品牌大象在日常经营和市场分析的报告数据中，一直极少提供国产品牌产品数据和经营数据，忽略国产品牌的存在，使得其体系上下，从心态到具体业务的注意力，都严重忽视了国产品牌大象的存在和发展。

直到近几年，日系品牌大象才正视国产品牌大象，并将其作为对手来制定政策。但正如美国思科公司总裁约翰·钱伯斯所说："新经济时代，不是大鱼吃小鱼，而是快鱼吃慢鱼。"在新经济时代的竞争中，往往失之毫厘，谬以千里，此时日系品牌大象想要亡羊补牢，早已错失良机，丧失了市场竞争的机会。

其次，忽视了国内数万家零配件制造厂家（兔子、蚂蚁）的存在和发展。

随着中国制造业的崛起，外资品牌大象零配件及供应链的初期暴利，催生出近万家零配件的制造兔子。在这一过程中，外资品牌大象往往认为他们是低质产品，只作简单的否定和排斥，没有看到中国制造业一步步崛起的事实。外资品牌大象只是在自身的零配件销售量大幅度下降，零配件价格不得不大幅度降低时，才被动地开始对国产兔子的产品做认真的调查和研究。这就导致他们失去了一系列的应对机会，错过了降低自身产品制造成本的大好机会。

然后是"技术先进性第一"战略的局限性。

以产品的技术先进性优先，一直是日系品牌大象的产品战略首选。毫无疑问，日系品牌的产品在技术性能上有一定优势，可利用技术获得市场是暂时的优势，在技术与市场的博弈中，技术必须卖给市场才可获得高额利润而继续发展技术，技术和市场脱节必定衰退。

以技术优先的优势，轻视国产品牌市场第一的战略，至今已经证明是战略失误。市场可以培育技术、发展技术、换取技术、创造技术。广义上说，没有市场的技术最终斗不过市场。国产品牌大象以市场为先的产品战略，最终占得了上风。

七、代理商体系的弱化

可以看到，日系品牌大象在中国的经营商业链中，销售和售后服务都要通过关键角色——狼来完成，显然，狼在日系品牌大象的商业模式中是重中之重。

作为代理商的狼，熟悉当地市场和客户，具备系统专业的销售服务团队，在日系品牌大象的传统商业模式中扮演着最重要的角色。可以说，没有狼，就没有日系品牌大象成功的市场占有率，凡是成功的大象，都离不开狼的汗马功劳和前仆后继。

即便如此，狼同样有他自己的思考和焦虑：如何平衡大象的支持和钳制，如何对抗兔子和蚂蚁的蚕食，如何寻找新的增长点和提高竞争力，如何争取与大象的话语权，如何避免自身在商业链中被边缘化……

1. 代理制契约的缺陷

日系品牌大象代理体系的契约规则，体现了其商业模式的经营内涵，是日系品牌大象在全球市场几十年经营中积累的经验，也是其整体商业模式的核心竞争力之一。但是就中国市场而言，它本身有许多不足之处。我认为，就中国代理商群体的实际情况，绝大部分来源为非常弱小的公司或个体经营者，当市场低迷和风险来临时，这些缺陷是代理制商业链弱化的重要因素。主要有如下几点。

（1）要求代理商全体股东提供无限责任全风险担保的局限性。

相对现代企业的有限公司责任制，股东的无限责任全风险担保已经是一种相对落后的契约关系。在市场低迷和出现风险时，将经营风险全部转嫁给代理商个人及其家庭成员，是极为挑战人性的，是不符合现代企业发展规律的，与中国传统家庭精神是冲突的。狼在与日系品牌大象合作的初期，为了获得其代理权，只是无奈、被动地接受这一契约伴生的不合理性。从长久来看，是不可能有品牌忠诚度的连续性可言的。

（2）市场低迷时，代理制契约的副作用。

就行业的低潮或周期性风险，狼往往通过保守经营或投资经营其他业务，以平衡或回避风险。这些举措常常是与日系品牌大象的市场方向相异，甚至与其经营谋略冲突。最终使日系品牌大象和狼互为"鸡肋"的现象出现，很容易导致双输的结果。如此现象的根源在代理制契约的规则，相比一些欧美和国产品牌大象代理体系的相互股权渗透的规则，日系品牌大象代理制契约显现出落后、连续性差和生命力弱等弊端。狼对日系品牌大象的忠实度也就难以长久。

（3）出现市场和契约风险时，狼的自然条件反射。

在日系品牌大象的代理制中，狼的客观的商业定位是合作者，而不是防火墙。狼的资本和能力并不能承担无限责任的全部经济风险。当市场出现狼所不能承受的重大风险，并可能导致代理商契约风险时，狼的条件反射必然如图5-6所示。

图5-6　出现市场和契约风险时，狼的自然条件反射

2. 狼对品牌忠诚度的塌陷

狼的变异和对品牌忠诚度的塌陷，是导致其代理商体系弱化的重要因素，是日系品牌大象在中国市场跌落的主要原因之一。

大部分日系品牌大象的代理商，以各种不同的形式，兼营着其他同类的竞争性产品，销售大量非正品零配件，甚至与竞争对手厂家合作，使其利益最大化，并规避行业风险。这一现象已存在多年，早已是行业里公开的秘密。这些情况，从根本上弱化了日系品牌大象商业链的核心竞争力。如果这只是个别狼的行为，可以归类为是某些狼的商业道德问题。然而，如果在狼这一群体中已经形成了很普遍的一般性群体经营行为，这该说是中国的狼没有职业道德，还是日系品牌大象的代理商体系有某些缺陷呢？双方没有建立真正相互信任的长久合作伙伴关系，更多的是体现相互利用的短期商业利益。

3. 售后服务体系陈旧

日系品牌大象传统的有偿服务体系，局限于有限的定期服务，与国产品牌大象多层次、灵活的各类相对无偿的服务相比，尤其是与行业内人数众多的服务蚂蚁相比，显得竞争力低下，已不符合中国用户的需求。

4. 日系品牌的销售和服务人员的减少

相比于2010年，目前日系品牌大象销售服务人员数量减少了2/3左右，而国产品牌的人数却在增加，已增加至日系品牌大象的3~4倍。

5. 厂家、代理商和客户三方利益的变化

日系品牌大象在中国市场曾经的辉煌，大大受益于最初的商业政策：客户受益为先，狼受益其次，日系品牌大象受益最后。

随着日系品牌大象在中国市场份额的大幅提升和市场规模的扩大，日系品牌大象的政策有了根本性的变化，与狼和客户的商业位置优先级有了不同（见图5-7），与其初期的商业政策顺序截然相反。

日系品牌大象在中国市场前期赚的丰厚的利润，在后期并没有对狼和客户

进行合理的反哺和回馈。

比如，日系品牌大象对狼的销售和服务的相关合作政策十几年来变化有限，没有切实考虑狼的服务成本（人员费用成本、交通费用成本、物流成本）的不断增加和经营效应下降，狼在如此消极和被动的状况下，更谈不上使客户利益优先于自身利益。同理，日系品牌大象最初进入中国市场时，推出的许多客户优先受

图5-7　大象、狼和客户三者商业利益位置

益的政策，被移花接木、改头换面地放弃了。其结果定是客户群体的迅速减少和狼的忠实度下降。

八、日系品牌企业文化的落后

1. 曾经的辉煌带来的大企业病

日系品牌大象在全球市场称雄，在进入中国市场初期保持了较高的市场份额和运营的暴利，是在中国市场获利最多的外资品牌大象。但是，曾经的辉煌也带来了"大企业病"：盲目乐观，行动缓慢，故步自封，缺乏创新精神和魄力；深入市场的机会与时间明显减少；各种经营策略多是脱离实际，做不到未雨绸缪，常常是亡羊补牢，打补丁。

2. 自上而下地执行决策机制的弊端

日系品牌大象的内部文化早已形成了自上而下地执行决策机制：领导一声令下，全体行动，战斗力很强。但是在市场剧烈变化时，不确定性和遇到复杂疑难的情况下，上级的决策失误时，很少人提出不同意见，只有在付出重大代价后才可能修正。在这种机制下，每一级都是对上一级领导负责为先，对客户

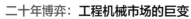

利益负责为后。这使得日系品牌大象逐渐远离市场，远离客户的需求，落后于竞争对手是必然的。

3. 老套的薪酬体系

日系品牌大象的中国职工的工资，曾经是国内同行的两倍左右，但是现在与国产品牌大象的待遇比较，已经没有优势了。而且，薪酬体系只是固定工资和有限的激励，国产大象高工资、高奖金和股权激励等多样化的薪酬体系，显得更富有生命力，也更加符合中国国情。

4. 人力资源属地化政策的弱化

日系品牌大象的领导核心是以日方员工为主导的，中方职工在日系大象企业中虽有任用，但实际的提升有限，很快就触及职位发展的天花板。而且日系品牌大象在提拔和任免中方职员时，往往以语言能力为先，可精通日语且能力出众的人才少之又少。这样就迫使没有语言能力但能力出色的人才，因为不能被提拔重用而纷纷跳槽，造成人才大量流失。中方职工综合能力逐步下降，尤其是高级优秀管理人才缺失。

5. 各级多层次人才的流失

如上述各种原因，大量中方优秀员工流向国产品牌大象，而且这一人才流失现象是自下而上多层次的，包括工厂里各种优秀的技术工人。因此，日系品牌大象里的优秀人才比例继续大幅减小。这一结果就是导致人才流出多，流入少。日系品牌大象对优秀的年轻人已经没有吸引力，不再是行业内有志年轻人的向往目标。

九、外资品牌大象共有的战略失误

二十多年来，外资品牌大象在中国市场中逐渐形成的困境，并不是因为资金短缺，更不是技术落后的问题，基于上述分析，我们可以很容易地看出，外资品牌大象整体在中国市场的共有的战略失误和通病。

1. 全球市场的一般性和中国市场的特殊性

外资品牌大象需要理解，在全球市场中适用且成熟的商业模式，并不一定适用于中国市场。在忽视中国市场的特殊性前提下，制定在中国的商业模式和各种经营策略，显然是严重缺乏市场竞争力的，现在的局面已经足够说明问题。

2. 认知的局限性

外资品牌大象需要接受中国制造业的崛起，接受国产品牌大象的崛起，接受中国数万家中小制造业的出现，接受中国数以百万计的兔子、蚂蚁从业者的存在，这是理解中国市场的基本点。如果继续沉浸于全球市场的辉煌之中，以固化的眼光来看待中国工程机械市场的变化，在中国市场很难有翻身之日。

3. 属地化的优秀人才的储备

充足的人力资源是创新和增加实力的土壤，是完整的商业链最重要的部分。长久以来，外资品牌大象以语言能力为先的提拔干部方法，没有积累和储存足够的属地化的优秀人才，行业优秀人才的比例大幅降低。

4. 中国籍员工的聘用

由于中国工程机械行业人才来源的复杂性与外资品牌大象干部属地化政策的矛盾，如何聘用中国籍员工，是外资品牌大象高层永远无法回避的问题，且要为此付出高昂的沟通和信任成本。

5. 如何保持和巩固狼的品牌忠诚度

以外资品牌大象在全球已成熟的代理商体系为准则，来对应中国代理商群体，在中国市场上已经行不通了。就中国代理商群体的特殊性，保持或巩固狼的品牌忠诚度，外资品牌大象不得不付出高额的成本。

十、国产品牌大象的引以为戒

古人云："东隅已逝，桑榆非晚。"外资品牌大象在中国市场二十年演变的前车之鉴，对国产品牌大象具有深刻的借鉴意义。

中国制造业的崛起和一带一路的需要，国产品牌大象必然要走向世界，进入全球市场。那时候，没有了中国市场天时地利人和的优势，国产品牌大象就是海外当地的外资品牌。二十多年来，外资品牌大象在中国市场所遇到的问题和挑战，都是国产品牌大象在全球市场躲不开的课题。不仅要面对世界著名品牌在海外多年经营的优势，还要面对当地国家民族品牌的挑战。

外资品牌大象在中国市场以巨大代价换来的实际经验教训，是难得的实际教材，非常值得国产品牌大象冷静思考。商业模式是一个多方因素综合形成的系统，对外界经营环境的影响非常敏感，如果不能因地制宜地去选择合适的商业模式，原来成功的模式也很难得到新市场的认可。外资品牌大象在全球成熟且成功的商业模式，在中国市场并不一定能成功。同理，国产品牌大象在中国市场成功的模式，不一定能在全球市场上成功。世界上不存在最好的商业模式，只有最适合的商业模式。希望中国品牌大象走向国际市场时，充分考虑国际市场的特殊性，在国际市场也拿到优异的成绩。

第六章

代理商会消亡吗

未知生，焉知死？

——中国古代思想家　孔子

　　近十几年来，中国工程机械行业发生了翻天覆地的变化，市场销量持续多年增长，呈现一片繁荣的景象。可是，与行业繁荣大相径庭的另一个事实：在工程机械行业商业链中扮演重要角色的代理商——狼的经营利润却连续下降，经营面临前所未有的窘境，绝大多数狼的日子并不好过，出现持续亏损的情况。

　　据2021年6月中国工程机械工业协会代理商工作委员会的报告：代理商盈利的只有7.64%，微利者为23.66%，其他均为不盈利（严重亏损者为41.22%）。在蒸蒸日上的工程机械市场中，作为最重要角色的狼，它的命运并没有随着行业的繁荣而基业长青，反之，狼的自身生存却成了问题，这一反常现象引起了全行业的关注，人们纷纷揣测，究竟是什么让狼深陷困境？

　　事实上，要一窥真相，我们还得从品牌厂家——大象的变化中寻找蛛丝马迹。中国工程机械行业十几年的竞争，海内外品牌大象的市场份额面临着始料未及的挑战，作为市场尾部的品牌大象旗下的狼，销售量很少，经营遭遇困难，似乎也在情理之中。可是市场头部的品牌大象旗下的狼，即使有不错的销售量，盈利能力也都是捉襟见肘，逐年下降，尤其是获利的"性价比"大幅缩水，一年不如一年。显然，这已经不是某个品牌大象（外资和国产）与狼之间的个体变化，而是整个行业代理商体系这一商业模式的变化。

从其他层面来看，代理商体系是否成功的重要标志取决于大象和狼能否双赢。绝大多数狼的利润都在大幅降低，一方面是因为中国工程机械市场日益残酷的竞争大环境，另一方面也体现出中国工程机械代理商体系竞争力不足，不符合中国工程机械市场的发展需要，跟不上时代发展的潮流和趋势，是一场不得已的"衰败之旅"。

罗素对于真相有这样一个观点："即便真相并不令人愉快，也一定要做到诚实，因为往往掩盖真相要费更大力气。"在工程机械市场沉浮多年，我有幸曾和许多世界品牌大象合作过，为了寻找真相，我希望通过自己的亲身经历，基于有限的观察和思考，从五个维度去探索狼衰败的真相。

一、代理制核心竞争力和获利方式

按照传统代理商体系的基本商业模式，品牌大象的主要目标是生产出市场所需的优势产品。因此不少品牌大象可以做到只生产不销售，不面对客户，把市场交给自己的代理商体系去实现商业目标。

代理商狼的责任和义务则是对产品销售的市场占有率全权负责，同时对产品的售后服务全权负责。他们从产品的销售利润开始，一直到产品"死亡"（包括再生）的每一个商业环节上独占性地获取利润（见图6-1）。除了产品的销售利润，售后服务可获取利润的总和是销售利润的三倍以上（特殊机型更高）。

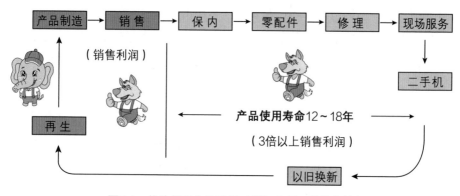

图6-1 传统代理商体系相对封闭自循环的独占性

以上大象和狼的这两点，相互制约、平衡地协调发展，是传统代理商体系的核心竞争力。美国市场营销学家菲利普·科特勒认为，渠道格局相对单一的领域，在市场中的竞争力将会变得越来越难。所以，如果市场环境不能保证上述这些条件优势，传统代理商体系的核心竞争力还会存在吗？狼的处境又会是什么样的呢？

二、代理商体系面临的冲击

1. 狼的整机销售功能在弱化

近二十年来，在中国工程机械市场的竞争中，首当其冲的是产品性能和质量迅速同质化，技术和性能参数透明化，这使得销售人员通过技术、性能、人情关系等传统要素进行的销售方法受到前所未有的挑战。与此同时，狼在代理商销售体系中的功能也相对弱化了。

同时，社会资本的进入也产生了无法磨灭的影响。融资租赁、保险行业等带来的各类金融手段，使整机销售更多地呈现了金融产品属性的竞争，狼在销售环节中的重要性大大降低。

而更为严重的是残酷的价格战，使得整机销售环节变得简单粗暴。在整机价格战中，产品价格的主导权在大象手里，狼的话语权和决定权是非常有限的，狼的销售功能也有很大的局限性。同时狼也是价格战首当其冲的受害者，可以说这场没有硝烟的价格战中没有赢家。

其次是各类互联网平台的出现，信息变得透明，促成各类整机信息和销售渠道的多元化，狼失掉了原有信息渠道和销售角色的唯一性。在销售环节中，品牌大象对狼从完全的依赖逐步走了出来，拥有更多新兴的合作伙伴。

值得一提的是，中国工程机械市场整机营销模式近些年也在不断变化，这样的趋势使狼在代理体系中的整机销售功能逐步弱化，最终体现在狼的整机销售利润的大幅度减少。更糟心的是，一旦狼的销售利润大幅减少，必然导致其对销售团队的投入减少，销售人员的待遇降低，形成恶性循环。

2. 市场碎片化摧毁了狼的独占性的获利方式

诸如本书第一篇第一、第二章所述，中国工程机械市场的碎片化，摧毁了工程机械代理商体系售后服务相对封闭的独占性的获利方式。在产品售出后，零配件和售后服务的业务，兔子、蚂蚁覆盖了市场的80%以上，无论是国产品牌大象还是外资品牌大象的狼，只是保留在设备的保修期内有限的覆盖率（见图6-2）。狼在售后服务中相对封闭独占性的获利手段丧失，使传统代理体系的生命力丢失了最基本的根基。

从另一个角度来看，这也是一个有趣的现象。曾有专家学者提过一个独特的观点：几乎任何一个行业若处于长期封闭的获利方式中，打破这种垄断的往往来自曾经不起眼的小角色或是跨界的掠夺者。如果中国工程机械市场代理商体系不作任何创新和迭代升级，谁也不知道它的出路在何方。

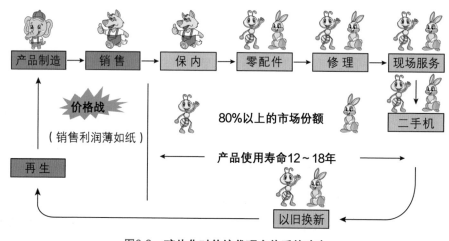

图6-2　碎片化对传统代理商体系的冲击

3. 供应链的大量分流

对于传统代理商体系来说，他们最重要的获利来源是零配件供应链的丰厚利润。随着中国制造业的崛起和商业繁荣，成千上万的兔子、蚂蚁形成了社会化的零配件供应链，对原有供应链产生了巨大冲击。供应链的大幅分流，导致零配件利润大幅下降，服务人工费全面丢失，彻底摧毁了原有供应链的独占性。与此同时，很多实际的调查都表明，狼的售后服务商业定位逐步被边缘化，无论是外资品牌还是国产品牌大象的狼，在中国工程机械后市场中，已经不再是主流的服务商。

在市场竞争中，如果不能抓住关键的利润，就很容易处于被动的劣势局面中。这种情况在工程机械市场中尤为明显，几乎成了压倒狼的最后一根稻草。

每个行业都有本难念的经，狼整机销售功能的弱化和售后服务的被边缘化，在产品全生命周期中，对终端客户获利相对独占性的丧失，从销售到后市场都是微薄的获利。我想，这应该是现今代理商体系衰落和竞争力低下的主要缘由和特征。

三、来自大象和狼内部的矛盾

所有事物都是由不同的对立面构成。著名德国哲学家黑格尔曾在《小逻辑》里写道：就辩证法的固有性质而言，矛盾进展乃是一切事物的本质，是支配一切事物和整个有限世界的法则。尽管提高市场占有率是狼的全权职责，但是整机销售价格战的连绵不断，兔子、蚂蚁对市场的蚕食，对产品的市场覆盖和占有率的形成已经是多元化和复杂化了，这也是狼凭一己之力无法扭转和应对的客观市场环境。但是，如果品牌大象仍然使用以市场占有率为主导的利润分配方式，狼的利润所得必然是越来越少。比如，市场份额头部品牌大象旗下的狼，尽管销售量很可观，但是狼的获利"性价比"却大幅下降，深层次地动摇了狼前仆后继的信心。

所以，大象和狼原有的利润分配方式，在当下市场剧烈变化中，成了代理商体系首当其冲的一大矛盾。如果没有更适合的体系升级或创新，此矛盾带来的割裂感和创伤将是无法弥补的。

换个角度，在一个成功的代理商体系中，狼之所以心甘情愿"傍大款"（弱小或落后的经济体，通过整合资源，借力借势，依附先进强大的经济体，这样的生存发展方式，俗称"傍大款"），坚定不移地与大象长期合作，就是因为在任何情况下，品牌大象仍然可以确保狼的基本利润，而且此利润在行业内横向比较，是说得过去的利润（行业的中上等利润水平）。

当下，绝大多数狼的利润稍显鸡肋，可谓是"食之无味，弃之可惜"。一旦有其他更好的投资或经营机会，狼的选择可想而知。在没有合理的获利水准下，狼是绝不可能为提高市场占有率而在长期投资上下功夫的。

说起来，工程机械市场周期性的波峰波谷几年一个循环。狼在市场低谷时没有可靠的利润保障；在市场高峰时，即使狼的销售量较大，但"获利性价比"受到大象的"抑制"，无法形成足够的利润溢出储存，以平衡周期性的低潮。

用日本经营之神——松下电器创始人松下幸之助的话来说，经营要像水坝那样，可以阻拦和储存河川的水，随着季节或气候的变化，经常保持必要的用水量的功能。这样，公司一旦面临外界情况的变化，也不会受到太大影响，而能够维持稳定的发展。如今，狼的生存就稍显尴尬，它很难在经营上保留宽裕的水坝。当市场处于低谷时，狼的生存进入寒冬，经营困难时很容易被淘汰出局。

从这点来看，我们很容易达成一个共识：工程机械产品使用寿命都在十几年以上，大象需要狼的长期、毫不动摇的合作，而不是高峰时获利，低谷时退却或放弃。那么，无论市场在高峰还是低潮，狼的基本利益都需要得到保证。这是狼长期合作的先决条件。

如果是这样的话，我们忍不住提出这样一个有意思的问题，大象、狼和客户三个角色中，谁才最应该是获利的优先者呢？几乎每一个品牌大象的代理商体系都宣称狼是大象最紧密的合作者（所有代理商合作文件中都有如此美好的描述）。那么，我的观点是，在大象、狼和客户三者的获利优先级中，客户获利优先，狼次之，大象应该在最后。工程机械产品的使用寿命都是十几年，最后的获利者不一定是获利最少的。成功的代理商体系，大象为最后的获利者，也一定是最大的获利者，最后的大赢家。

当然，还有一个更为重要的风险是，来源于对融资租赁销售高杠杆信用销售的潜在风险。所有的品牌大象都制定了当终端客户逾期时，狼所要承担的相应风险的规则。随着价格战的日益激烈和信用销售规模的增大，狼的实力是否能够支持其履行与大象所约定的规则出现了不确定性。一旦形成双方的危机事件，以法律诉讼方式而终结，由于狼在相关契约文件中的被动地位，狼很可能有巨大的经济损失，甚至灭顶之灾。大多数狼不得不为此提前准备各类预案，以防不测风云。所以说，这是双方合作潜在的阴影，双方对融资租赁销售风险的处理也就显得尤为重要了。

最后要提的一点是，全世界几乎所有的工程机械品牌大象，由于相对狼绝对的实力优势和代理体系中的绝对话语权，品牌大象在狼面前趾高气扬，不可一世，似乎是全世界品牌大象的"顽固基因"。在中国市场巨变之时，品牌大象的误判或违规及失信，自然也是不可避免的，但是他们为自己铺好了各种各样的退路或说辞。反之，狼的失误或错误都会受到大象的制裁。当狼的利润大幅下降，生存困难时，如此不公平的现象更加剧了狼对品牌大象深层次的不信任。大象和狼的关系也因此日益淡薄。

四、大象的"思考"和可能的选择

当狼、大象、客户都选择了一致向上的阶梯之时，就必然要丢掉很多细枝末节，戴上友谊的面具。对于其中关键的角色——大象来说，它可以选择的路径到底有哪些呢？

1. 如果大象不继续"输血"（让利），狼能活多久

狼在整机销售中的微薄获利，后市场获利手段的丢失，再加上工程机械市场的波峰波谷的周期性，大象很清楚：如果狼一直是以整机销售微薄利润为主的经营，狼是坚持不了多久的，除非大象一直持续"输血（让利）"。

大象的利他，对于狼来说，必须是一种自动自发、带给狼快乐的精神。因为大象处在生物链的顶层，是血液的源头和根本，一个真正懂得利他的大象，必然能将狼从困境中真正解放出来。

2. 重新评估与狼的合作价值

在中国市场竞争激烈和复杂的环境下，如果大象与狼的合作不仅没有提高

产品的市场占有率，售后服务的作用也有限，同时还形成了巨大的债权债务风险，狼反而成了大象最终要"兜底"的负担或累赘。那么，大象将不得不重新评估代理制商业模式的合理性，尤其是与狼的合作的必要性。

关于渠道的问题，品牌大象在一定程度上占据主导地位，同时受制于狼。未来，如果狼的价值没有得到体现或半路杀出程咬金，狼很有可能被边缘化。

3. 客户如手足，代理商如衣服

古人云："上下同欲者胜。"在双赢的代理商体系下，大象与狼无疑是亲密的合作伙伴。但是当市场的变化不能保证大象的商业利益时，尽管所有的大象都会声称"共患难"，可改变不了"客户如手足，代理商如衣服"的实质。大象永远不会放弃客户，可狼却永远是"一件衣服"。在重大利益冲突时，只要是为保证品牌持续竞争力的需要，大象不"换衣服"不符合大象的长远利益。这也是绝大多数品牌大象对狼的"撒手锏"。

4. 大象直接下海面对终端客户

互联网时代，许多传统的企业在面对渠道成本上升时，选择了自建渠道。比如耳熟能详的京东，它选择了自建仓库和物流，通过智能物流构建了自己的商业帝国。

在任何工程机械代理商体系中，品牌大象都需要牺牲一部分利润给予狼，以换取更高的产品市场份额。如果狼对市场份额的贡献不达预期，大象迟早要算一笔账——给狼的利润对产品市场占有率的提高是否合算。如果大象直接面对终端客户，用这些利润不仅能提高市场占有率，还能把部分利润回馈客户，甚至还能给自己留一些，大象的选择会是什么呢？这也是为什么当下许多品牌大象自己建立直销体系，或者重资产投入各类物联网销售平台，这都是品牌大象长远利益的选择。

五、狼的"心思"和可能的选择

对狼来说，有一个现实的不公平，那就是品牌的名利和市场占有率的长远利益，包括产品商誉的无形资产，大象都是永久的所有者。在代理商体系中，狼唯一可追求的是商业利益，而不是其他各种各样的"名分和虚荣"。一旦狼的商业利益没有了保障，其他一切都是为他人做嫁衣。那么，当狼的利润不能得到满足时，狼的退出、逃逸、改换门庭或"叛变"都有其合理性。

此外，品牌大象在代理体系中拥有绝对的话语权，狼"傍大款"的生存方式，让它始终是被动的，处于弱势群体。若代理体系内部发生冲突和危机，大多数狼其实并没有更多的选择，他们的选择往往是"被选择"，这一点是非常悲凉的。

狼的不容易还远不止此。当下绝大多数狼经营困难，不少为经营亏损，而且许多被债权债务缠身。显然，此时此刻，狼作为弱者角色的各种选择，都需要智慧和高超的商业手段，想做到无代价的商业转移或全身而退，并不是一件很容易的事。

总而言之，中国工程机械市场激烈的价格战、市场的碎片化及相关资源配置的社会化，当下代理商体系正在被渗透和瓦解，代理商体系的优势正在消失，绝大多数品牌大象与狼在代理商体系中双赢的局面已经不存在了。

面对中国工程机械市场代理商体系的现状，品牌大象不得不重新评估与狼的合作价值和必要性，寻求新的符合中国市场的销售与售后服务的新体系，这是必然的趋势。

同时，在现有的代理体系中，绝大多数的狼不仅在经营获利上表现疲软，在品牌大象合作的选择上，也颇有"食之无味，弃之可惜"的味道。从这一角度来看，狼无论是选择"叛变"还是"改换门庭"，都有其合理性。

中国制造业的崛起和市场繁荣，不仅仅导致了中国工程机械代理商体系的衰落，同样也一定会触发其内部矛盾的激化，从而导致其出现异化或裂变。那么，中国工程机械代理商体系的生态将会是什么模样呢？狼的衰落甚至消亡可能有几种方式？新型的销售和售后服务体系可能是什么样呢？关于这些，下一章节将进行详细论述。

第七章

狼的启示和双赢格局

团结就有力量和智慧，没有诚意实行平等或平等不充分，就不可能有持久而真诚的团结。

——英国企业家　罗伯特·欧文

现代管理学之父彼得·德鲁克曾不止一次谈及商业模式的力量，他认为，当今企业之间的竞争，不是产品之间的竞争，而是商业模式之间的竞争。就工程机械产品而言，从销售到售后服务的过程中，由于它的市场环境有着某种特殊性和局限性，为了最大化地适应市场环境和尽可能地满足终端客户的需求，海内外绝大多数品牌大象的市场模式都采用了代理商模式。

当然，暂且不论代理商模式是否是中国工程机械市场的最优解。回过头来看，整个工程机械市场曾经的繁荣和当下的低落，都不难看出，代理商在这段充满波折的路途中扮演了极其重要的角色。也正是这头默默无闻的狼，当我们带着更多的热情和好奇心关注它时，关于"中国工程机械代理商会消亡吗"这个问题的答案才慢慢浮出水面。

在此问题的引导下，我们还可以看到，要全面且深入地分析研究工程机械行业的发展和趋势，避不开对中国工程机械行业代理商的抽丝剥茧。尽管许多相关的细节容易被忽视，但它们恰恰是最能反映当下中国工程机械代理商真实的状态，也能从中彻底摸清中国工程机械市场的发展和起伏。近三十年来，我一直在反思是否有更好的角度和观测方法，是否把不经意间的细节忽略了，是否对行业市场的发展逻辑和本质剖析得不够深刻。

显然，要弄清楚中国工程机械代理商是否会消亡的趋势并非易事。由于工程机械品牌大象近百家，产品近千种，各品牌的代理商体系百花齐放，各有千秋，涉及内容繁多。在这一章中，我试着把复杂问题简单化，只从四个颇受关注且重要的方面入手，分析其背后的启发。

一、传统代理商体系的商业模式

1. "舶来品"的商业结构

腾讯创始人马化腾在接受《中国企业家》杂志采访时曾说："我不盲目创新，微软、谷歌所做的都是别人的东西。最聪明的方法肯定是学习最佳案例，然后再超越。"尽管这些年腾讯也因此受到一些非议，但它依然保持强劲的发展势头，市值达万亿级别，是中国风头最盛的互联网公司之一。马化腾在后面的回应中表示，创新往往是从下至上，在很多不经意的地方出现，有很大的不确定性。不能为了创新而去创新，这样反而会让创新变形。

工程机械行业作为一个相对传统的行业，可能很多人不知道，工程机械代理商体系是舶来品，是典型的模仿复制。回溯过去，当时西方发达国家工程机械品牌巨头为增加自己产品的市场竞争力，它们创造和逐步完善了这种代理体系，接着被世界上其他同行所接受，后来又传入中国市场，国内绝大多数国产品牌大象直接生搬硬套开始模仿，并从中尝到了甜头。直到现在，它仍然是全世界工程机械行业绝大多数品牌仍然采用的代理商体系。随着时间的推演，我发觉这套传统的工程机械代理商体系并没有发生太多的变革或创新，反而成为工程机械代理商体系的一种路径依赖。

仔细分析其商业结构不难看出，与品牌大象直销体系最显著的不同就是，品牌大象不直接面对终端客户，而把工程机械产品和零配件的销售包括售后服务全都委托狼来完成。因此，品牌大象要把一部分利润空间留给代理商，以换取自身品牌更大的市场覆盖率，提高市场占有率和提供其产品全生命周期的永久服务。幸运的是，这样的商业结构在很长的一段时间都能形成足够的生态闭环，商业模式合理且符合时代背景下的发展。但是，当市场环境发生新变化，新的矛盾自然也开始出现。

2. 大象和狼的商业合作特点

"工业盛，则商业荣。"中国工程机械市场在发展演变的过程中，蛋糕越做越大。代理商体系引入后，品牌大象和狼团结起来，重新设计利益结构，顺利找到了一种默契的合作模式。

首先，品牌大象把经营、销售、服务等经营环节以代理的方式，授予狼特殊的代理经营权。同时约法三章，从产品的销售到售后服务的每一个环节，品牌大象都制定了严格、详尽的代理规则。这样，从品牌大象到不同层次的狼（二级或三级代理商），再到终端客户，形成了一个封闭、独立的商业自循环体系。

世界上绝大多数工程机械代理商体系的契约中，由于品牌大象相对于代理商的绝对优势的实力和代理权的授予体系规则，品牌大象对整个代理体系的制定、修改、解释及授予或撤销有绝对的话语权，这点在一定程度上是相当霸道的。

其次，我们一起看下代理商体系中三个重要的代理合作文件，从中准确理解大象和狼在整个体系中各自扮演的角色、分工、利益分配及相互矛盾和冲突的根源。

一是代理合作文件，这是最核心的一份合作协议，是双方合作的重要基础。文件详细明确了狼在代理业务中的责任及义务，包括相对应的回报。令人无奈的是，这类协议主要体现了品牌大象的意志和要求。狼为了获得对品牌的特许经营权，又因为自身的弱势地位，对这类协议，绝大多数情况下，只有全盘接受，基本上没有任何讨价还价的空间。

二是相关融资租赁销售的合作文件。为扩大销售经营规模，由于绝大多数狼的实力和资金能力有限，都需要融资（大象的融资或第三方融资）。而在融资租赁销售的各个环节中，比如担保、回购、债权债务纠纷、质量纠纷处理、遗留资产的处置、最终风险的承担和法律责任等，品牌大象对狼提出了全面的系列的规则要求。同样，对这些融资类文件包括所有的相关环节，狼的弱小和"有求于钱"，也是其不得不被动接受的原因。

三是狼的无限责任财产风险抵押担保文件。品牌大象的风险意识普遍较强，在控制风险的协议拟定上也非常专业。所以，考虑到狼的商誉和资信等各方面情况，为了上述前两个文件的顺利执行和实施，通常要求狼必须提供全体股东自身的资金或财产抵押担保，以确保在履约中的失信或违规，包括经营失败带来的损失的无限责任连带担保（涉及全体股东的个人和家庭财产）。当然，此类文件的具体内容都是由品牌大象制定的"霸王条款"，同样，狼没有任何讨价还价的资格。

在这种相对封闭独立的商业自循环体系中，品牌大象除了在合作文件的约法三章上异常严谨，对自身的打磨同样非常刻苦。

事实上，工程机械产品有上千种，产品之间性能和质量差异很大，零配件的非通用性和非互换性，再加上相互竞争的需要，每一个品牌大象都必须建立自己的独立性体系。而品牌大象的代理体系更是强化了品牌的独特性，在销售管理、售后服务、零件销售等方面的规则，力求自身体系的唯一性和独立性，主要包括以下五个方面。

第一，独立的产品销售管理系统。产品出厂后的销售价格制定、销售管理、狼的利润及分配、合同方式、纠纷处理、质量问题的对应和索赔规则。

第二，独立的零配件供应链系统。零配件进货渠道的限定、价格确定、合同关系、零件质量、物流运输、利润分配等。

第三，独立的产品售后服务规则。狼的服务体系人员机构的设置、保修期内外的服务标准、质量纠纷下索赔规则、日常巡回检查制度等。

第四，唯一性的技术资料提供和使用体系，包括品牌系列产品的维修手册、零件手册。此外，还包括修理和维护技术标准的制定和执行。

第五，产品以外的地域文化的特殊性。由于品牌大象所处的国家地域不

同，政治、经济、文化、风俗不一样，这些特殊性也会反应在代理商体系上，且强化了各自相对封闭的独立性。不仅仅是欧美系、日系、韩系等国家政治文化色彩在代理商体系强烈呈现，国产品牌大象与狼的地域文化特点也非常清晰。可以这样说，外资大象旗下的狼各自有着不同国家、民族文化的体现，而国产品牌大象所处不同的地理区域，构成了国产品牌大象和狼的品牌文化具有鲜明的中国地域文化色彩。

总之，大象和狼的合作特点受到时代背景的影响很大，同时也有许多客观的因素。狼表面上是被品牌大象挟持的一方，事实上，大象和狼都是被时代的洪流裹挟向前，共同奔赴一场没有终点的旅途。

二、代理商体系的商业目的

一切合作的起点往往是基于一个共同约定的目标或目的地。在整个相对封闭独立的自循环代理体系中，品牌大象和狼之所以能和谐共处，很大程度上是因为代理商体系本身所要实现的互赢商业目的，主要有以下三点。

第一点，代理商体系打造了关键的共赢商业壁垒。从全世界工程机械巨头品牌大象的实际经营情况来看，多年来已逐步形成了一个规律，越是大牌的品牌大象，其品牌影响力越强，其技术、零配件、价格体系、服务体系，尤其是代理商体系的独立性和封闭性就越强。独立性和封闭性产生的商业壁垒，成为保证大象和狼足够利润空间的第一护城河。

第二点，对产品生命周期内全方位利润获取的独占性。每个产品都有相应的生命周期，利用封闭独立的代理体系，完全能实现从产品销售开始，一直到此产品的生命终结，对产品全生命周期的服务。对产品的每一个环节产生的利润进行全方位的独占性的获取，让狼和品牌大象的关键利益方活得滋润，这也是工程机械代理商体系的最核心竞争力。

第三点，对终端客户的产品价值的认知进行全方位影响。有趣的是，在品牌大象和狼的紧密配合下，他们对终端客户从购买产品开始的每一个商业环节，进行产品价值全方位的"洗脑"和商业服务的"围剿"。这样一来，终端客户很容易被动接受产品的商业定位，没有议价的理由，更没有讨价还价的资格。

综上所述，相对封闭和独立的自循环代理体系的商业目的，如果用一句话来说，就是从产品的销售利润开始，到售后服务，一直到产品的"死亡"（包括再生）的每一个商业环节上的获取利润的独占性。至今为止，除中国市场的特殊性外，世界上绝大多数国家的工程机械代理商体系仍然有这样的特性。

三、大象与狼的双赢格局

在很长的一段时期内，品牌大象和狼的合作双赢是一种常态，也是整个行业发展需要达成的共识。截至目前，工程机械市场的不确定性和动荡仍在持续，要想从这种困境中走出来，我们需要更加深入地分析成功的传统代理商体系下，品牌大象和狼合作中的详细分工和利润结构。不少其他行业的商业案例都在告诉我们这样一个道理，借鉴成功的经验，在此基础上做迭代和升级，可以说是非常明智的一种选择。那么，在成功的传统代理商体系下，品牌大象与狼的合作及分工到底是怎样的呢？总结起来，大致情况如下。

首先，两者的目标和侧重点非常清晰，品牌大象的主要目标及分工是集中精力进行技术创新，降低制造成本，大规模生产出市场需要的优势产品。这种理念与现代企业经营哲学的核心产品观吻合，即物美、价廉、量大。产品的质量是品牌大象的生命，甚至可以说品牌大象之所以能拥有垄断性的地位，也来源于它本身把某些产品做到了极致。所以，在全球工程机械市场上，我们能看到一个见怪不怪的现象，不少知名品牌大象只生产不销售，不面对客户，市场由代理商体系来对应。长此以往，这样的分工也就植入人心。

其次，狼的责任和义务是在品牌大象的强有力支持下，对产品的市场覆盖、市场占有率、产品全生命周期的服务及终端客户全周期的服务全权负责。同时，值得一提的是，品牌大象在代理商体系的契约和运营中，往往会要求狼具备对品牌及产品的忠诚和经营目的唯一性，以确保其合作的稳定。

成功的品牌大象与狼的紧密合作，外加这种独立的相对封闭的代理商业模

式，彼此都获得了丰厚的利润，除了销售利润的获得，还包括产品全生命周期
每一个环节产生利润的总和。为了让利润结构量化，我做了一些数据收集和调
查分析，如图7-1所示。

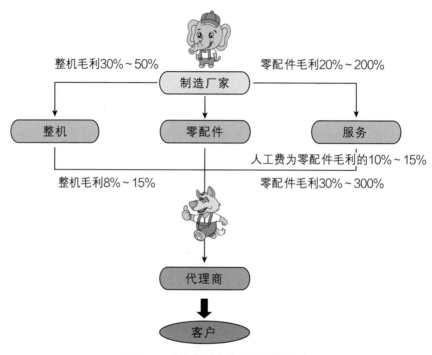

整机毛利30%～50%　　　　　　　零配件毛利20%～200%

制造厂家

整机　　　　　零配件　　　　　服务

人工费为零配件毛利的10%～15%

整机毛利8%～15%　　　零配件毛利30%～300%

代理商

客户

图7-1　传统代理商体系的利润结构

事实上，在中国工程机械市场的前期，以及相当长的一段时期内，绝大多
数品牌大象和狼的经营都为图7-1的利润结构。可以看出，不论是整机的销
售、零配件的提供，还是售后服务，其利润都是非常的丰厚。其经营的综合经
济效益在传统的机械设备制造业中都是佼佼者。从中我们也能找到一些关键的
要素，最为重要的是对其独立性和封闭性的把控。每一台产品销售后，从产品
的销售一直到售后服务，只要是独立性和相对封闭性控制得好，品牌大象和狼
在产品全部生命周期的每一个环节，都有垄断性的丰厚利润。这里我们找一个
两者的利润对比就能说明一切，产品售后服务的利润总是整机销售利润的三
倍以上（某些特殊产品还会更高）。

四、狼为什么成为狼

传统工程机械代理商体系中，狼这种弱小或落后的经济体，通过整合资源，借力借势，依附于先进强大的经济体（大象）生存发展。狼之所以成为狼，有以下原因。

1. 代理体系的特质

这不由得让人想起小米的生态链企业。它以开放、不排他、非独家的合作策略吸引了一大批优质的硬件公司。截至目前，小米累计投资的各类型企业已经有400多家，围绕小米手机主业和物联网业务不断衍生，纵横交错组成了一个庞大的小米生态帝国。而在传统的工程机械代理商体系中，品牌大象得重视资产实力、产品在市场的差异化定位和盈利能力、连续的产品研发实力，尤其是代理体系规则的完备，完全可以确保代理商的基本利润。

此外，狼对品牌大象的选择，不仅需要异常谨慎，还要有长远眼光。换言之，狼依附的品牌大象的实力和代理体系的运作方式，在很大程度上决定了狼的发展和命运。至今为止，全世界绝大多数国家的工程机械行业代理体系都具备这个基本特点。

2. 各项经营利润的基本保证

就产品的商业链，品牌大象对狼的整机利润、零配件利润、售后服务利润的保证，对狼的经营起到至关重要的作用。

3. 金融和资金的支持

品牌大象在资金和金融方面对狼有系统性和计划性的支持。当狼面临经营上的困难时，品牌大象在合适的时机挺身而出给予帮助，是完全能做到的。彼此间的关系也会更加紧密，可以成为长期利益的命运共同体。

4. 先进管理系统的借用

狼可以基本无偿地借用品牌大象现成的销售管理体系、售后服务管理体系，包括先进管理软件的应用。这一受益是不可替代的，因为对于狼来说，开发一个先进的管理系统所耗费的人力和财力是巨大的。

5. 相关企业经营的系列培训

不论是为了满足狼的发展而进行的人力资源培训，还是为了满足员工高水平完成本职工作所需的知识、技能、态度、经验的培训，品牌大象提供了产品技术、企业管理、专业技能的系统培训，帮助狼变得更加专业，从而大大提升狼的经营能力。

6. 在市场的战略战术研究的受益

对于全球工程机械市场的动向，尤其是企业的战略发展方向，品牌大象都需要花费大量的成本去研究分析。而狼只是执行品牌大象的战略规划，同时追随品牌大象的企业文化，不需再多费心。这大大降低了狼自身对高级白领的需求，节省了人力物力，降低了其对宏观和微观市场的研究和战略调整的成本。与大象相比，狼只需要关注具体的经营层面。

事实上，狼能成功与大象合作并非空手套白狼，它在与品牌大象的合作中有着不可磨灭的贡献。首当其冲的一点是，狼熟悉当地市场和客户，拥有专业的销售服务团队，是传统商业模式中最重要的角色。可以这样说，没有狼就没有品牌大象风光无限的市场占有率。凡是成功的大象，都离不开狼的汗马功劳和前仆后继。与此同时，狼也获得了应有的回报。

当然，狼得到的回报是狼赖以生存的基础保障，主要体现在以下三点。

第一，从销售到售后服务的多层次利润结构。只要狼努力使产品销售量达到一定规模，狼的生存问题就得以解决。

第二，即使整机的市场销售不理想，传统代理体系相对封闭的自循环售后服务的独占性，以及对产品各环节全方位的商业垄断，完全可以覆盖狼经营成本的70%以上。对于优秀的狼，即使没有整机销售利润，仍然可能获得盈利。

第三，单就传统的代理商体系利润结构来看，由于工程机械的销售规模，狼曾经的利润自然不菲。遗憾的是，时过境迁，由于中国工程机械市场的巨大变化，当下代理商体系的实际情况与本书上述描述已不可同日而语。

五、两个敏感话题的思考

品牌大象会放弃对狼的市场占有率的考核吗？

在工程机械市场激烈的竞争环境下，绝大多数狼的利润大幅下降，经营越来越困难，债权债务风险越来越大。对此，不仅狼在叫苦连天，包括一些第三方机构和行业相关人士，都呼吁品牌大象"高抬贵手"，降低甚至放弃对狼的市场占有率的考核，以缓解狼当下的生存危机。

依我看来，这只是一种美好的幻想而已，因为品牌大象永远不会放弃对狼的市场占有率的考核！否则，狼在代理商体系中就没有了存在的价值和意义。狼对应的市场份额的责任和义务与自身获得的回报，是一种商业利益的合理交换，这也是传统代理商体系的存在基础，除非代理商体系消亡或新的代理商体系出现。

中国工程机械的狼可能有统一的行动吗？

我认为，答案是否定的。诸如前文所述，狼在代理商体系中扮演的是"傍大款"角色。在代理商体系合作核心契约文件中，狼的行动已经被契约下的法律条款所"规范"，其商业行为也受到了限制，而且品牌大象在代理体系中有绝对的话语权，任何违背品牌大象利益的言行都会被严厉制裁。那么，在当下"你死我活"的残酷竞争中，狼怎么可能有真正的统一行动呢？这也回答了另一个问题，为什么这几年行业内多次所谓各种狼呼吁的统一涨价行为，最终都以"流产"而告终。其原因就是涨价固然可以为狼增加些销售利润，但是销售量因此减少，与品牌大象增加市场占有率的目标相左。

尤其是价格战中，不同品牌的狼统一行动与品牌大象"讨价还价"的事件，在全世界的工程机械市场上似乎从未发生过，估计今后在中国市场发生也是小概率事件。同理，即使在同一品牌大象旗下的代理商内部，狼的统一行动，只要不符合品牌大象的利益，最终都会被"各个击破"。

从以上各方面的分析和讨论来看，在相当长的一个时期内，传统代理商体系对大象和狼是一个双赢的商业模式。狼在其中的受益"性价比"并不比品牌

大象逊色。能成为知名品牌大象的狼，正是嗅到了这个"肥缺"的商机，从而自动褪去铠甲，收起了锋利的牙齿，完全听从和执行大象的指令。至今，世界上许多国家和地区的工程机械代理体系仍然保持着如此特性。

然而世界上唯一不变的就是变化本身。随着中国制造业的崛起，中国工程机械市场的格局包括代理商体系都发生了巨大的变革。当下，绝大多数的狼经营困难，利润大幅降低，甚至亏损，除了呈现了中国工程机械市场的残酷竞争，还体现了中国工程机械代理商体系的落伍和衰落，其竞争力之低下，已经不符合时代发展的潮流和趋势。那么，中国代理商体系内部隐含的商业危机是什么？品牌大象与狼的冲突或矛盾的根源又是什么呢？如果传统代理商体系落伍、衰落甚至消亡，取代它的代理商体系又可能是什么样的呢？这些都值得我们更多地思考和探索工程机械代理商体系的进化之路。

第八章

狼与代理商体系的去向

黑天鹅的逻辑是，你不知道的事比你知道的事更有意义。

——安皮里卡资本公司的创办人　纳西姆·尼古拉斯·塔勒布

诸如前文所述，中国制造业的崛起和行业市场的繁荣导致了中国工程机械代理商体系的衰落，市场的碎片化及相关资源配置的社会化正在渗透和瓦解代理商体系的独立性，代理商体系的优势正在消失。这并不是危言耸听，因为我们在市场上不难发现，多数大象与狼在代理商体系双赢的局面正逐步被瓦解，并陷入一种前所未有的危机中。

任何商业体系，在外部市场的冲击下，其竞争力低下时，盈利能力自然也大打折扣。当代理商体系双赢的局面不复存在，利益之弦崩断时，大象和狼矛盾的激化以及两个角色间的裂变都在预料之中。

在这场动荡中，由于狼在代理商体系中处于被动的弱势群体处境，当外部和内部矛盾变化时，最先受到冲击和影响的一定是各种各样的狼。在面临如此危机时，无数人开始关心这样一个问题，狼的衰落、变异或消亡过程可能会是什么样呢？

稻盛和夫曾在书里写过这样一句话："当遇上难以克服的困难，认为已经不行了的时候，其实并不是终点，而恰是重新开始的起点。"极度的谷底也有可能成为狼扭转命运的垫脚石，狼和代理商体系的去向是整个行业备受关注的大事。在这一章中，我想基于狼现实中的生态环境，对各类狼的变异、衰落、

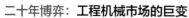
消亡或幸存，分享下自己的观点。

一、各种狼的不同状态

在代理商体系中，狼的生命力是否强大不仅仅取决于资金实力，更重要的是在实际经营中拥有自我选择的独立性。尤其是在危机处理时，这份独立性能够帮助狼更好地实现自身的目标。换言之，不同类型的狼的自主选择性，很大程度上决定了狼的生存状态。以下我们用四种不同类型的狼为例来展开分析。

第一类是自身实力较强的狼。这类狼资金相对宽裕，承担风险能力较强，可是此类狼的资金量级和综合实力与品牌大象终究还是不在一个层次上。比如卡特彼勒旗下的狼，尽管实力相对其他类型的狼更为雄厚，但在壮硕的大象面前，资金和综合实力仍然不值一提，这是客观存在的事实。

那么，在代理商体系中狼的综合实力是什么？最为明显的是，狼的综合实力主要体现在可以做出多种选择的独立性，有敢说"不"的胆量和气魄。那些不是以单一品牌代理商为唯一生存方式的狼，有着"此处不留爷，自有留爷处"的商业机会和选择，可称为有实力的狼。这并不是狼的资金实力多少，而是狼自身有其他多元化的经营背景。显然，在中国工程机械代理商体系中，尤其本土出身的狼，有如此多元化选择的为数不多。

第二类是被大象投资入股的狼。早期随着"渠道制胜，终端为王，深度分销"营销理念的提出，在中国市场，许多行业都有厂家入股代理商这样的商业模式。在工程机械行业，大象作为小股东投入狼股权的商业模式也屡见不鲜。从公司的股权形式上看，大象持有狼的很小的股权，并非纯粹的利益导向，更多的是增加对狼经营的理解，确认狼的财务报表的真实性。尤其是市场低潮时对狼的理解和支持能够迅速响应。

在这种所谓的入股模式中，表面上在董事会和经营中应该是作为大股东的狼说了算，可实际上，由于大象有厂家的特殊角色及相关代理契约文件的绝对话语权，在狼的重大经营决策和执行上，大象的实际影响力和控制力远远大于其股权的比例，有左右全局的影响力。特别是在涉及资本和金融业务经营上，狼的当家做主权是非常有限的。

第三类则是被债权债务风险缠身的狼。近几年来，每年有数千亿的社会融资资本进入工程机械设备信用销售市场，其中有很大一部分资金形成了债权债务，成为中国工程机械市场特有的一种长期且复杂的行业现象（本书第四篇有讨论）。

几乎所有的狼都采用融资租赁的整机销售方式。狼要吸引社会融资资本进入，需要大象对融资业务提供风险担保，而大象又制定了关于狼的承担风险的规则。

本应该风光无限的双赢格局并没有持续发生。很多狼早期通过与品牌大象的合作取得了阶段性的胜利，积累了一定的资本。与之相反的是，当下绝大多数的狼被债权债务风险缠身，不仅要处理逾期客户的债权纠纷，还得面对大象与融资机构等的债务处理或担保纠纷，受到大象和融资机构完备和严密的契约合同制约，包括财务运作方面的受控。在如此状态下，狼的经营和各种重大经济活动选择都有了很大的局限性。

第四类狼比较有趣，它就是松散代理体系的狼。所谓松散代理体系就是大象与狼不存在相互限定或排他性的契约或约定，同时大象与狼不存在相互确保商业利益的承诺。即使双方有长期的合作契约，也是双方均可的商业自由合作。如果没有长期的契约，也就是可多方合作的一单一算的交易合同。如此松散代理体系，从底层逻辑上来看，实质上是一般的商品买卖交易或中介商务关系。

二、大象与狼的核心利益冲突点

如前文所述，随着代理商体系商业价值的衰落，在代理商内部，狼和大象的核心利益出现以下四点冲突。

就当下的市场竞争环境，狼的整机销售已经是利润微薄得可怜；狼的生存和盈利离不开大象的持续"输血"；如果大象不愿意继续下去，狼能活多久呢；若狼"死了"，双方的风险又是什么呢。

回到合作的开端，大象愿意与狼合作的初心无非是产品的市场占有率和售后服务的委托，自己则集中精力花心思在产品的打磨和研发上，在很长一段时间这种分工是合理并有利于市场发展的。但是，如果大象与狼的合作不仅没有提高产品的市场占有率，售后服务的作用也有限，同时还形成了巨大的债权债务风险，狼反而成了大象最终要"兜底"的负担或累赘，与狼的合作还有必要性吗？

最后一点是狼对于前途的迷茫。长期的低利润很难支撑狼继续经营的信心，尤其当出现获利性价比一直下降的趋势，狼的前途和"钱"途都暗淡无望。没有利润，狼的生存犹如无根之木、无源之水，为寻找更高的利润和商业机会，狼退出、改换门庭甚至"叛变"都有其合理性。一旦有其他更好的投资或经营机会，狼的选择会是什么呢？

三、狼的宿命

美国散文作家爱默生在《处事之道》中写道："我们是自己命运的创造者。"这句话放在狼身上则出现了一种别样的悲情，因为狼实质上是无法左右自身在中国市场的命运的。

我们先来看外资品牌大象的狼。毫无疑问，外资品牌大象代理商体系曾经在中国市场最为成功，市场覆盖和占有率曾经遥遥领先，大象与狼都获得了丰厚的利润。但是，随着中国工程机械市场的激烈竞争，外资品牌代理商体系的独立性和封闭性首先被摧毁，即使是世界上最完备和成熟的卡特彼勒代理商体系，也不可避免地同样在被弱化，竞争力逐年下降。尤其是日系品牌大象的狼，市场覆盖和市场份额只是全盛时期的几十分之一，获利能力不断降低。但是外资品牌大象旗下的狼，他们在中国市场受到的冲击还远不止此。

绝大多数外资品牌大象在中国市场节节败退，销量迅速萎缩，销售利润越来越低，并且短期内似乎无法"回春"，可是在中国的劳动力和原材料的成本却都大幅增高。此情此景，是否还值得在中国市场继续留存？当然我们都不希望看到"树倒猢狲散"的局面。从另一个层面看，外资品牌大象的狼在中国市场的命运更依赖于外资品牌大象对中国市场的定位和选择。比如，在2021年11月1日，约翰迪尔（John Deere，世界工程机械行业巨头）正式开始撤出中国工程机械市场，那么，随之而来的便是它旗下所有的代理商——狼的自然消失。

做好定位为何如此重要？定位之父特劳特在《与众不同》一书中分享过对定位的看法，定位不仅仅是"实现产品在消费者心目中的差异化"，更重要的是它应该成为企业战略的先导，成为公司资源配置和运营的基础。无论是外资品牌的狼还是本土的狼，在中国工程机械行业中如何准确的定位，是否符合中国市场的独特性，是否与品牌大象战略目标匹配，最终都会在狼的经营效率和企业的终结上体现出来。

接下来，我们探讨的是中国本土出身的狼，它和外资品牌大象的狼有何区别呢？要回答这个问题，我们要追溯到它的起源。

在中国本土出身的狼，大多是早期白手起家，由兔子、蚂蚁升级而来，乘着中国制造业崛起的东风，依靠对市场的敏锐洞察力，抓住市场机遇，凭借自身的聪明、果断决策及艰辛努力，一步步发展壮大起来的。这是千千万万中国本土出身的中小企业的缩影，也是一段真实的行业发展史写照。

可是，无论狼有多大的理想，凭借这几年的积累，它的资金和综合实力依旧非常有限，所以在核心的金融资本运作上依旧无能为力，自己的资本和可能得到的融资对于企业的规模经营来说只是杯水车薪。从另外一个角度看，本土狼作为中国市场经济下的中小民营企业，不具备权威性，得到相关金融机构深度支持的可能性不大。

与其他中国民营企业一样，本土出身的狼也都有类似的"内伤"。比如，老狼的退位和企业领袖的断档、二代的接班难题、优秀的管理者缺乏、各类人才的连续性不够、现代企业制度的建立困难等。

在本土狼与品牌大象群体的矛盾和冲突中，由于品牌大象的赞助费、广告费、上层关系等强大商业影响力，本土狼也不可能得到行业内外的第三方社会机构或组织的真正支持，真正能为工程机械的狼"出头说话"的几乎没有。所以当出现巨大的危机时，本土狼和外资品牌大象的狼一样，很难掌控自身的命运，但是要生存下来，就需要高超的智慧及精细化经营管理。

四、狼的衰落和变异的可能性

1. 尾部大象与狼的分手

市场份额在尾部的品牌大象，在中国市场份额少得"可怜"，对应其销售量，其代理商体系已经不值得存在。说得直白些，这类品牌大象利润微薄，家无斗储，自身难保，在中国市场连自己都可能"混"不下去了，哪里还有钱去"养活"几条狼？基于如此判断，市场份额在尾部的品牌大象的代理体系最先消亡或变异是大概率事件，还有一种情况，就是迅速变革为松散代理体系的模式。

2. 头部大象对狼的"抛弃"

头部大象，即市场份额在头部的寡头大象，是指产品的市场覆盖率和占有率有绝对的影响力，在代理商体系中拥有至高无上的控制力的企业，它的实力强大到可以给旗下的狼持续长期"输血"，甚至也可以有自身下海面对终端客户的能力。

如果大象给狼的利润对于提高市场占有率来说不划算，大象自然会思考和尝试其他商业模式。以这些寡头大象的实力和地位，一旦如此尴尬场景发生，狼被彻底抛弃或商业定位边缘化是大概率事件。此外，还有两种可能性，就是转换为松散的代理体系，或选择与狼共患难持续长期给狼输血。无论做何种选择，品牌大象都拥有绝对的话语权和战略定位优势。

事实上，品牌大象已经开始有相应的动作，我们从行业一些重要的信息可以一窥端倪。三一、徐工、中联等巨头投入巨资建立市场数据系统，其中就包括互联网销售平台，可谓是"司马昭之心路人皆知"。通过这些消息，结合行业发展情况可以看出，试图寻求更有市场竞争力的销售与售后服务新体系，这是寡头大象们的必然趋势。

对狼来说，品牌大象是否愿意"持续给狼输血，与狼共患难"，是当下代理商体系可能继续生存延续的试金石。目前来看，有实力、有信心、能始终如一的品牌大象估计是极少数，毕竟商业行为是一种绝对理性的市场经济活动。

五、与不确定性共舞

从目前中国工程机械市场的具体情况来看，在相当长的一段时间里，代理商体系都将处在不确定中，一些影响狼和大象的因素和事件随时可能发生，而且一旦发生，都足以对整个行业产生极大的影响。就像一只黑天鹅的出现，便足以颠覆所有人的认知。

当然，处在代理商体系的关键角色——狼和大象，大多会积极追寻"确定性"，以此抵抗眼前的困境和心底的不安，建立独特的反脆弱机制。那么，狼和大象留下来的不确定性和悬念到底是什么？一直都是我在思考的问题。

首先谈到大象和狼的关系变化的初因，最客观的外部因素是中国制造业的崛起和市场的繁荣，最终这个外因对内因影响和作用导致了后续的多米诺骨牌效应。经此一劫，双方再次选择的目的，无非是能够更有效地应对外部环境的变化。可是，就中国市场的特殊性和不确定性，双方分开后的再次选择是否有可能提高双方的竞争力还是个未知数。尤其是品牌大象的"弃旧迎新"，是否能成功"梅开二度"，仍然是个悬念。

其次是大象和狼多年合作留下来的不确定性。众所周知，工程机械产品的生命周期都是十几年，融资租赁销售的周期是两年至四年，以此往复，解决相关的债权债务纠纷需要很长时间。品牌大象与狼任何形式的分开，都不可能做到一刀两断，其后续事务的处理，如同藕中丝，虽断犹牵连。由此产生的各种各样的经济成本和代价，是否影响大象对市场变化的及时调整，对终端客户服务的连续性是否有巨大伤害，是否能使品牌大象在中国市场真正提高品牌竞争力，都没有定论。正所谓，世有无妄之福，就有无妄之祸。

再次，对狼来说，其在代理商体系中，如果盈利能力一般，甚至低于行业一般标准，无异于为他人做嫁衣，此地根本不值得留恋。对有智慧和能独立思考的狼而言，与大象的分开，失去的可能是锁链和约束，迎来的却是柳暗花明

又一村。

著名哲学家卢梭在《社会契约论》开篇说："人是生而自由的，但却无往不在枷锁中。"工程机械世界从来都充满了不确定，狼和大象在代理商体系的探索过程中，共同见证了市场的繁荣和变化，至于如何与不确定性共舞，这将是大象和狼需要共同去寻找的答案。

第三篇

价格战和
经济型挖掘机

第九章

一个短暂的市场小插曲：
涨价

> 如果我们有坚定的长期投资期望，那么短期的价格波动对我们来说就毫无意义，除非它们能够让我们有机会以更便宜的价格增加股份。
>
> ——美国企业家　巴菲特

尽管我们都期望世界按照人类的计划来进行，但意外与未知是自然的主旋律。世界经济增速整体放缓，一系列不确定事件的发生，给全世界各个领域都带来了各种影响。在这些因素的影响下，工程机械行业自然也无法独善其身。2020年年初的短短三个月，中国工程机械行业已经集中爆发了一系列不寻常的事件：新冠疫情下挖掘机销量暴涨；复工后半个月就突破挖掘机历史销量；外资品牌大象的市场份额大幅跌落；小微型工程机械销量一日千里……其中最让人意想不到的是国产品牌大象率先拉起涨价的浪潮。

近几年来，中国工程机械市场的价格竞争异常激烈，在各品牌大象频频降价的大趋势下，国产品牌大象反其道行之，一致以涨价的方式在价格战中出现，令人瞠目结舌，这是工程机械行业近二十年来罕见的现象。这究竟是短暂的市场现象，还是一个新趋势的开始？这又会引起什么连锁反应？

业内专家学者对此各执己见，议论纷纷。那么，对于这些议论和解释，究竟哪些更为合理、更有参考价值呢？

对上述问题，我尝试演绎相关事件的正反两面的观点来做一些讨论。当然，我的这些观点和议论难免有自身的局限性，仅供读者参考，以期带来一些启示。

一、众说纷纭：对涨价的不同认知

据行业各相关媒体报道，从2020年4月开始，以徐工和三一为首的国产品牌大象率先对小挖（小型挖掘机）涨价10%，中大挖（中型和大型挖掘机）涨价5%。同时，中联对泵车价格上调5%～10%，三一泵车价格上调5%～10%，柳工挖掘机平均提价5%。此外，山河智能、中联重科、临工、厦工等多个品牌也已经或准备涨价，涨价幅度在5%～10%之间。

那么，究竟是什么原因导致价格上涨呢？每个人解读的角度不同，认知也会有所不同。

认知一：涨价意味着价格战的结束

有很多人相信，在当下市场价格战中，国产品牌大象的领军企业的逆势涨价，标志着价格战的结束。涨价是在对价格战叫停，是国产品牌大象带头为践行工程机械行业"健康可持续"发展而做出的决定。

我认为，如果只是单纯地认为国产品牌大象的涨价是"好心"，是为行业的健康发展去罢停价格战，就不禁让人怀疑：难道不涨价就是没有践行对行业"健康可持续"发展了吗？价格战的发生和起因仅仅是国产品牌大象的道义和责任吗？再者，只要国产品牌大象涨涨价，价格战就结束了吗？那么，如果接下来国产品牌大象再降价呢？对价格战又该作何种解释呢？或者说，国产品牌大象这种涨价的价格战能够持续长久吗？

认知二：价格上涨是合作垄断，是双龙竞争的游戏

有人认为，三一突然率先带头涨价是高级营销，是效仿刘邦明修栈道，暗度陈仓，目的是倒逼徐工等其他大象涨价。甚至还有人断言，两巨头涨价相隔没几天，三一和徐工肯定有私下商议配合。

不过，根据国家发改委《制止价格垄断行为暂行规定》，价格垄断行为包括"经营者通过相互串通或者滥用市场支配地位，操纵市场调节价格"。我认

为，三一、徐工和柳工都是上市公司，几乎不可能犯这类低级错误。毕竟不久前，即2019年12月27日，日本丰田（中国）因价格垄断行为被中国政府相关管理部门罚款8761.3万元。

还有人认为，醉翁之意不在酒，此番涨价的实质是国产品牌大象之间争夺行业大王之战，而其他国产品牌大象是不得已的"跟涨"，并不会有实质涨价的行动……

很明显的一点，三一和徐工两个企业，尽管国企和民营性质不同，可都是国家的经济支柱企业，虽然市场经济竞争有先后之分，可别忘了还有裁判员的作用，只有两者不分胜负，才符合国家的长远利益。

"治企业如治大国""而治大国如烹小鲜"，油盐酱醋佐料要恰到好处，火候要掌握得当，才能烹饪出美味。产品价格变动是每个企业的最高级核心机密之一，两个巨头的领头人不可能不过问，价格竞争的实质也是两个企业顶层及其团队看不见的战争和秘密。他们都是行业翘楚、国家的精英。这么多年，两个巨头企业的成功毫无疑问地证明，其领头人的智慧非常人所及。究竟其内幕如何，是随势应变还是"预谋"已久，这也都是商业竞争最核心的秘密，作为旁观者的我们，只不过是雾里看花、捕风捉影罢了。

认知三：价格上涨只是厂家对其代理商的扶持

据有关市场资料统计，2019年大部分挖掘机代理商盈利能力大幅下降，三一挖掘机最优秀的代理商也只有4%左右的净利率，因此，有人认为此次提价是为代理商谋利。

但事实真的是这样吗？无论国产品牌还是外资品牌大象，他们代理商的利润究竟有多少，没有公开透明的数据，两者的利益不仅仅体现在销售产品的价格差，还有服务、金融支持、人员培训和特殊政策扶植等。许多环节并不是透明和固定的，两者之间的结算方式也是多样化，究竟是4%还是更多，这始终是个谜。但有一点是肯定的，大象肯定不会让狼（代理商）饿死。正是这种辅车相依的关系，才使大象和狼联合起来。试想，没有了狼的前赴后继，大象如何能把自己养肥呢？

再者，工程机械设备制造是重资产投资，产业商业链的特性决定了大象强势的话语权，尤其是销售价格。价格的标的物，首先的目标应该是客户，而不是代理商。

还有一个不得不提的问题是，任何一个孤立的价格数值，如果没有比较和竞争，就没有高低之分，除了性价比，价格制定的意义是与竞争对手的价格比较和对市场占有率的影响，包括两者之间的平衡。

另外，单边选择从来不是狼的生存法则，狼也有比较优势的选择逻辑。假如某品牌大象旗下的狼的利润是全中国最差的投资收益，并且市场上有更多其他商业投资机会和更好的回报，狼的选择应该是什么呢？

因此，也有人猜测，此次涨价只不过是大象和旗下的狼联合互动，共谋利益最大化的一场商业"演习"，是短暂的表演而已。

认知四：涨价会引发全行业的涨价潮

气象学家洛伦兹提出的"蝴蝶效应"人尽皆知，有人不免担心，行业龙头企业领涨，其他挖掘机企业会不会跟进涨价？是否会引来行业各种产品的价格相继上涨？或许迎来一波全行业的涨价潮？

我们都知道工程机械设备是国家建设的重要生产资料，如果工程机械设备全面非理性涨价，势必引发连锁反应，进而提高基建工程的造价。不过，市场一旦出现非理性涨价的现象，肯定会及时出现相应的管控措施的，因此，如此形式的涨价也就是一个短暂的市场现象，不可能长久。这种担忧，显然是多余。

认知五：全球供应链问题导致涨价

我们都知道价格由价值决定，受供求关系影响。供过于求，价格下落；供不应求，则价格上涨。因此，很多人认为，受疫情的影响，部分海外供应商生产线开工不足，核心零配件供应链趋紧，导致后续零配件采购成本上升，涨价是不得已之举。

可是，既然是受全球供应链所迫，那么其供应链的紧张应是面向全世界所有厂家的，而外资品牌大象比国内品牌大象在全球的市场覆盖范围大得多，应该先受到更大的冲击才对，那么，为什么外资品牌大象不涨价？然而，从公开的财务报表来看，涨价的国产品牌大象的利润率并不是最低的。从这一层面来看，成本并不是涨价的根本原因。那么，涨价是否还有一些其他看不见的原因呢？

二、独排众议：认清此轮涨价的实质

亚当·斯密在《国富论》中讲到，"我们的晚餐并非来自屠宰商、酿酒师和面包师的恩惠，而是来自他们对自身利益的关切。"市场从来是以利相争，要想在市场上立足，最根本的还是要把消费者的"晚餐"做好。因此，我的观点如下。

1. 国产品牌大象的优势依然是高性价比

不少人判断，经过十几年的发展，国产挖掘机的市场份额和产品质量都有了显著提升，无需再依靠价格优势来竞争，涨价是国产品牌的战略趋势。

我认为，性价比一直是商业竞争中最古老也是最有竞争力的手段。清代的郑观应《盛世危言·禁烟下》记载："物美价廉，争先乐购。"物美价廉的产品是赢得市场的关键，从古至今，皆是如此。当初，丰田汽车打败美国通用进入美国市场，小松在本土击败了卡特彼勒，华为与苹果的竞争，无一不是依靠产品的高性价比制胜。如今，三一和徐工等国产品牌大象之所以在中国市场有一席之地，不也是如此手段吗？

在我看来，三一和徐工包括绝大多数的国产品牌大象，都还没有发展到可以放弃产品高性价比竞争战略的地步。因此，高性价比或者说价格战，仍然是国产品牌大象立足国内市场和走向世界的制胜武器。即使涨价，也只是一个市场的短期行为，或者说仅仅是一个市场营销的小插曲。

2. 疫情下的误判与产量不足是涨价原因之一

按照常规，生产厂家一季度的核心零配件供应备货都是在上一年底准备到位，其购入成本也是上一年度确定的。所以核心零配件供货与购入成本的变化，不会是一季度供不应求的主要原因。所谓断货和供不应求，主要矛盾是产量不足，而产量不足的根本原因是对新冠疫情和市场恢复节奏的误判。主要有如下误判。

第一是厂家对生产线正常复工时间的误判。比如员工到岗和生产线正常运作的时间，企业进入正常运营的时间等，这些都是造成厂家产量不足的原因。

第二是对基建项目复工速度的误判。比如行业其他关联企业的复工速度，各企业对生产安排的节奏都有不同。那么，在实际表现上，必然是产量不能及时对应市场的突发需求。

3. 对碎片化购买力的误判是涨价原因之二

一季度的宏观市场情况不理想，大项目复工有限，各项资金、款项到位也需要时间。按照常理，这段时期内不可能是工程机械设备销售暴涨的时机。

但是，碎片化购买力的重要特点之一（详见第一篇第二章内容），就是在宏观市场不景气或者下行时，所表现出的反向购买力需求，并且碎片化购买力主要的购买机型就是小挖。一季度的小挖的需求已经是总需求的64.8%，这也完全证实了我在2019年的分析和预测判断。

对碎片化购买力的预估不足，导致品牌大象对小挖产量和小机型种类产品的生产量安排不足，进而导致供不应求，价格上涨。

三、涨价，短暂的小插曲

面对不确定的市场，我们看到，尽管2020年一季度因为各种不可控的客观因素，只有部分复工，可挖掘机的销售量却是49408台！超过了2011年最高点的44059台和2019年最高点的44278台，是中国挖掘机市场历史上单月销量最高的一个月，当然也是全世界挖掘机市场月度销量的最高纪录。

另外，我们也不敢相信，在全球经济受阻的情况下，在中国工程机械市场，居然会出现供不应求和断货现象。而我们也意外地看到了国产品牌大象间的"价格战"，竟然是相互涨价的竞争。

价格战的最终受益者无疑是消费者，而性价比则是消费者的智慧和选择，是市场需求进化的结果。市场需求推进技术革命，同时推动质量的改善。我认为，在此过程中，国产品牌大象仍然需要价格战，而价格战的一般规律仍然还是降价，而不是涨价。

因此，无论如何看待和解释这些非寻常事件，无论国产品牌大象之间的竞争方式如何激烈和出人意料，其实质还是中国制造业的崛起和工程机械国产品牌大象一步步变强，进而立足世界。

总之，纷纷扰扰三十载，中国工程机械行业迈入了新的格局，危机与机遇并存，如何在面对诸多不确定性因素时做出有利决策是一项重要的能力。从外资品牌大象卡特及小松接近百年的成长历史中，历数其面对局部或全局的不确定性事件与突发情况，我们不难得出一个结论——如何在不确定性的世界生存，一直是工程机械大象们的主题。相比之下，涨价这点事，一个短暂的市场小插曲，就显得是小事一桩了！

第十章

挖掘机价格持续下跌和经济型挖掘机的出现

由于将来销售的耐用品将会影响到现在所售出的产品的未来价值，在垄断耐用品生产者没有对未来的产量水平做出承诺时，如果消费者具有价格下跌的理性预期，那么垄断价格就会迅速降到边际成本水平。

——美国经济学家　罗纳德·哈利·科斯

　　有一个不可否认的事实：近几年来，工程机械行业的价格战已经是无可避免的"行业战争"了。同时还能看到的是，品牌大象们对挖掘机价格战的认知和应对的措施都有了很大的变化，不论是价格战的发起者，还是被动的参与者，由表面或发自内心的谴责和抱怨，主动或被动的参与，最后都不得不全身心地投入其中。挖掘机价格战已经成为市场营销的常态，也是每个品牌大象市场运作的主要销售手段。

　　从更细化的角度看，我们要思考残酷的价格战使得挖掘机价格连续下降，是短期的市场竞争现象，还是较长期的市场客观规律？如果是一个较长期的市场客观规律，它的合理性是什么呢？如果是合理的，它的主要原因是什么？然后我们再去了解挖掘机价格连续下跌，会对它的品质产生何种影响？而且，挖掘机品质的变化又会催生出哪些类型的挖掘机进入市场？

本章从中国市场挖掘机价格实际变化出发，结合经济学理论关于企业产品的价格规律（科斯猜想）为理论基础，包括我对挖掘机价格和品质的理解（薛小平猜想）做出些分析和讨论。

一、二十年来价格连续下降的事实

1. 通货膨胀的存在和CPI上涨，挖掘机价格不涨即跌

众所周知，近十几年来，通货膨胀和CPI（全国居民消费价格指数）上涨是一直存在的。如果生产厂家要保持原有的利润，挖掘机价格的连续涨价，或者是每年一定幅度的涨价，是符合一般市场逻辑的。那么，反过来说，相对于实际市场情况的变化，如果挖掘机的价格保持不变，不涨价即是跌价了。也就是说，就中国市场挖掘机的价格涨价幅度，即使没有价格战，挖掘机的价格也是一直相对走低的。

2. 二十年来挖掘机价格的跌落

图10-1、图10-2所示为二十多年来中国市场上广泛使用的国产品牌和外资品牌几种挖掘机价格的变化（仅为2020年10月前的价格变化，不包括当下的经济型挖掘机价格）。

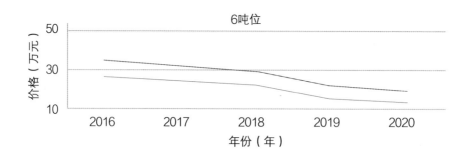

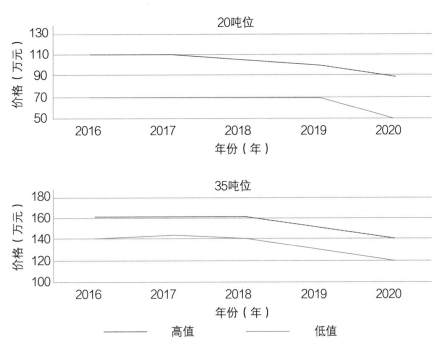

图10-1　2016—2020年国产品牌三个吨级挖掘机价格变化

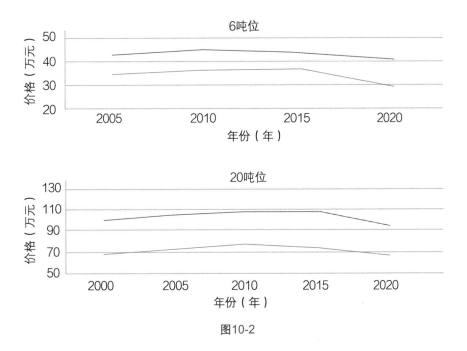

图10-2

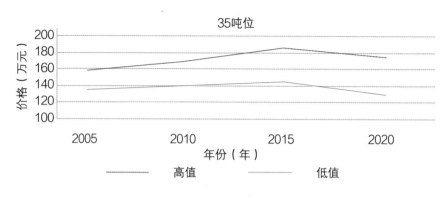

图10-2　2000—2020年外资品牌三个吨级挖掘机价格变化

从上面两幅图可以看出，自2017年以来，国产品牌挖掘机的价格开始跌落，且下跌速度越来越快。外资品牌的挖掘机价格从2015年开始跌落，虽然跌落幅度较缓，但一直是下行趋势。

国产品牌与外资品牌的价格，虽然两者都有价格跌落的趋势，但两者的价格相比，前者要比后者同比低15%～30%。在外资品牌的价格跌落趋势图中，与大中型挖掘机相比，小型挖掘机的价格跌落速度快15%～20%。国产品牌小挖的价格下跌更快，下降了30%～50%。

二、价格持续下跌的市场现象

这些现象集中表现在如下几方面情况。

（1）国产品牌挖掘机的价格"明升实降"。近几年，国产品牌挖掘机的销售量逆势上扬，并且出现价格小幅上涨，引起行业波动，包括相关产品供应链的波动。我们似乎看到了挖掘机价格战的相对静止和价格的上升通道。可在半年后的市场竞争中，国产品牌挖掘机的涨价并没有使行业的整体价格进入上升通道，反而不断下跌，使其在下降通道内波动，呈现出"明升实降"的态势。

（2）挖掘机残酷的价格战使外资品牌的价格优势全面丧失，尤其是小型挖掘机的价格竞争，外资品牌小型挖掘机几乎全面丧失了竞争力（这也证实了我在2019年对小型挖掘机市场竞争的预测）。外资品牌大象面临退出市场的危机，如果想保住中国市场份额，各种机型不得不继续全面降价。

（3）拒绝降价的挖掘机企业可能被迫退出中国市场。某些拒绝降价，想保住市场利润的部分机型或产品，无论是外资还是国产品牌大象，都有可能意味着正在退出中国市场的竞争。

（4）二手机的价格使新机的价格下跌。一般而言，越是性能优良的二手挖掘机，其性价比越高。在这种情况下，客户是否愿意废弃二手机去购买新机，价格预期是主导因素，尤其是在性能优良且价格低廉的二手挖掘机面前，新机不得不通过降价来打开生存空间。当下市场上，大量以旧换新的销售方式，只有让客户对旧机收购价格感到满意才可能成交，其实质是客户对二手机价格的高预期，迫使新机销售价格降低了。在当下中国拥有大量二手机的存量市场下，新机销售价格连续降低与大量的二手机的存量有直接原因。

（5）挖掘机的使用价值一直在降低。挖掘机的使用价值一定是要体现在挖掘机的租赁价格上。就笔者的统计和调查，二十多年来，全国各类施工场合下的挖掘机的租赁价格都在下降。图10-3所示为华东地区1995—2020年20吨位挖掘机租赁价格变化。

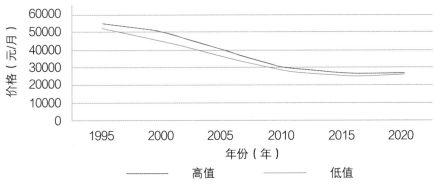

图10-3　华东地区1995—2020年20吨位挖掘机租赁价格变化

从图中可以看得出，挖掘机的租赁价格一直在下跌。二十多年来挖掘机的租赁价格下降了约50%，而且就当下市场情况来看，挖掘机的租赁价格没有上

升的迹象，可能还要继续跌落，挖掘机的使用价值的降低与其销售价格的跌落有直接的关系。

三、科斯猜想与薛小平猜想

在挖掘机行业，我们只有对其价格下跌做出正确判断，才能及时作出应对。那么，目前影响挖掘机价格下行的根本原因是什么呢？

1. 科斯猜想（又称科斯结论）

罗纳德·哈利·科斯，1991年诺贝尔经济学奖获得者。科斯教授在1972年提出了企业产品价格规律："由于将来销售的耐用品将会影响到现在售出的产品的未来价值，在垄断耐用品生产者没有对未来的产量水平做出承诺时，如果消费者具有价格下跌的理性预期，那么垄断价格就会迅速降到边际成本水平。"

这就是著名的科斯猜想，此论点后来经过许多其他经济学家的证明验证，解释了全世界非常广泛的企业产品价格规律。

2. 工程机械设备的"薛小平猜想"

我用"科斯猜想"企业产品价格规律的逻辑，来解释工程机械产品价格的具体现象，"照虎画猫"地提出了在存量市场下的工程机械设备的"薛小平猜想"，具体内容如下。

猜想要点一：

工程机械设备是耐用品，而且是"非常耐用"的耐用品。这个耐用品的最大的特点就是购买（消费）频率很低，质量越好，使用寿命越长，其购买频率就越低。

比如，今天某个客户购买了某品牌的工程机械设备，明天或相当长的时间内就不会购买相同或类似的设备。如果这一品牌售后服务好，零配件又便宜，机械设备的使用寿命因此大大延长，绝大部分消费者（设备购买者）可能一辈子也买不了几次工程机械设备。

猜想要点二：

现在销售的工程机械设备的价格一定会影响将来二手设备的价格，而将来二手设备的价格也会影响当时新机设备销售的价格。或者说，现在销售的设备（二手机）的市场价格，肯定会影响现在新机的销售价格。

比如，对某个品牌设备的销售量没有限定（承诺）的话，随着它的设备卖得越来越多，它的二手设备的耐用价值使得客户对其新设备的价格理性预期是希望降价更多，才可能有购买动机。

猜想要点三：

生产厂家为了提高自己的竞争力，希望客户废弃原来可以继续使用的、有耐用价值的旧设备，重新购买新设备，就不得不降低新设备的销售价格。

比如，存量市场下的主要销售方式之一是以旧换新，这一方式只有让客户感觉到有利可图才可能成交，即客户对二手机价格预期增高，对新机支付的现金更少，最终实质结果是新机的销售价格降低了。如此循环，设备卖得越多，其价格就会连续降低越多。

猜想要点四：

即使某个品牌的市场占有率是垄断的（或市场占有率极高），在存量市场下，自己设备的耐用品价值，使得自己的新产品与自己的旧产品的耐用价值竞争，就不得不降低新产品价格使其被购买。为了维护其市场占有率垄断的地位，防止其他品牌乘虚而入，该垄断品牌更是不得不连续降低价格。而且，如果垄断者开始降价，那么这种调整价格的随机性就会使垄断者遭受利润损失，而且损失会越来越大，因为它必须不断降价以诱导需求，一直到市场价格等于边际成本。

也就是说，即便是拥有高市场占有率的行业头部品牌也不能在市场里永远"称王称霸"，与它自己终极竞争的正是它自己，其最终的结果是使自身的企业利润率逐步下滑。

四、大象对产品品质的思考

1. 大象如何在价格持续下降中实现盈利

不论是国产品牌大象还是外资品牌大象，每一个厂家的商业目的都是盈利。市场的实际情况和"薛小平猜想"的逻辑表明，挖掘机的价格在相当长的时期内上升无望，这已经是不争的事实。那么，价格持续下跌使厂家的利润大幅降低，大象的销售量越多，利润减少越多，甚至亏损越多，这时，大象需要找到在价格持续下降中能够实现足够盈利的长远之计。

2. 厂家对产品品质认知的改变

如"薛小平猜想"所推论和几十年来市场的实际情况表明，与人们对产品的一般认知相反，挖掘机的品质越好，使用寿命越长，对厂家并不都是有利的。也就是说，由于挖掘机不易损坏，是使用年限很长的耐用品，如果挖掘机质量越好，使用寿命越长，客户的购买频率就越低，厂家获得的利润反而是递减的。比如，许多海外著名品牌大象，在20～30年前生产的挖掘机，依然还有不少活跃在中国市场上，但是这些高品质、高寿命（当然也是高价格）的特性，并没有增加它们在中国市场的竞争力。那么，如果挖掘机产品的品质改变和使用寿命的相对减少（伴随着大幅降价），厂家的综合利润却是增加的，这对挖掘机品牌大象来说是否也有合理性呢？

3. 厂家对挖掘机设计理念的调整

既然挖掘机质量越好，使用寿命越长，客户的购买频率就越低，厂家获得利润就越少，这样不仅不能给生产厂家带来更多的利润，也不一定能增加产品的竞争力，那么，品牌大象为追求商业利益最大化，其制造厂家对挖掘机整体的设计理念就需要调整。通过合理调整和平衡挖掘机的品质、寿命、价格这三者关系，改变产品的品质，缩短挖掘机的寿命周期，加快终端客户的购买频率，以适应挖掘机价格跌落的客观规律，以降低成本和保证有足够的生存利润。

4. 零配件品质的变化

挖掘机有几万个零配件，品质的改变必然牵扯数万个零配件的设计理念的改变。同理，许多工程机械零配件也具有耐用品价值和属性，品质好、寿命长的零配件并不一定能给零配件生产厂家带来更多的盈利，也不一定能增加其产品的竞争力（与上述的规律和结果相同，在此就不再重复）。那么，零配件的制造厂家也不得不通过合理地平衡零配件的品质、寿命来降低成本，以适应价格下跌的趋势，保证预期的利润。

五、两种经济型挖掘机的出现

事实上，不仅仅是挖掘机行业，在今天的手机行业中，同样面临激烈的竞争。竞争使得各大手机品牌商屡出奇招，如优化手机配置、积极营销等，想占领更大的市场份额。品牌商之间的较量使得手机的价格一降再降，高端配置的智能手机用不到2000元的价格即可入手。与此同时，那些功能特化的手机（如老人机）的价格更是低至百元。可以这么说，价格战一方面使产品品质不断提升，另一方面在保证售价更低的同时，性能也趋向特定功能化。这种现象体现在绝大部分的制造行业当中。在价格战常态化的背景下，挖掘机价格跌落的连续性和持久性，必然引起挖掘机品质的改变，而挖掘机品质的变化又会催生出什么样的经济类型挖掘机进入市场呢？

（1）以价格战中提高挖掘机销售竞争力为目标，为大幅降低销售价格，市场上出现了"简易性能"和"简单配置"经济型挖掘机。这类经济型挖掘机的使用寿命大幅度减短，某些功能会受到限制，也很可能伴随着产品质量的显著降低。

（2）以科技创新、新技术、新材料和AI技术革命投入为主导的产品品质改变，市场上出现了"环保节约型""科技型"的经济型挖掘机。在保证其产品功能和相对质量、使用寿命的情况下，大幅降低制造成本以降低挖掘机销售价格。

六、经济型挖掘机导致的市场现象

1. 传统标准型挖掘机需求大幅度减少

在当下中国基建市场激烈的竞争中，机械设备低成本施工是重要的竞争要素之一，与传统标准配置的挖掘机相比，经济型挖掘机的高性价比更有优势。这使得标准型或豪华型配置的挖掘机市场需求大幅度减少，成为挖掘机市场的小众需求，而各种经济型挖掘机逐步成为挖掘机市场的主流产品。

2. 挖掘机价格继续下降趋势

挖掘机市场价格继续下降趋势是由多种因素共同作用而形成的。一方面是各种各样经济型挖掘机的出现，加快了"薛小平猜想"的节奏。再有，从公开的统计数据看，当前中国机械制造业的平均利润相对较低，毛利润8%～15%，而引导市场的主角——国产品牌大象挖掘机的毛利润却高达17%～32%（上市公司数据），以此为依据，挖掘机市场依然有很大的降价空间，可以预见，较长时期内挖掘机市场价格继续下滑是趋势，价格上扬的可能性很小。对于品牌大象而言，市场价格的下跌趋势才是必须要面对的现实。

3. 挖掘机租赁价格继续下降

经济型挖掘机的销售价格比标准型挖掘机的价格低，会使挖掘机的使用价值相对贬值，其租赁价格也会随之降低，工程机械设备的租赁价格随着销售价格波动，这是行业的一般市场客观规律。

4. 促进挖掘机经营性租赁兴旺

经济型挖掘机售价低，其租赁价格进一步降低。利用经营性租赁"制造"二手机后再销售，再租赁，使得经济型挖掘机的市场竞争力增强，有力地促进了挖掘机租赁市场的繁荣。

5. 挖掘机品质改变促进行业变革

一台挖掘机有上万个零配件，其上下游商业链关联着近千家企业。挖掘机整机品质的改变必然是"牵一发而动全身"，会引起整个行业变化。从挖掘机的产品设计和制造创新，新材料、新技术的投入包括零配件供应链的全方位、系列性的产业革命。

市场上有一种说法：挖掘机头部品牌大象在垄断市场后，再大幅度提高产品的销售价格。从本书上述的分析来看，在巨大的存量市场下，就挖掘机产品本身和市场的各方面因素，尤其是"薛小平猜想"的逻辑，似乎此可能性很小。拿中国的白色家电来参考，尽管国产品牌绝对性地垄断了市场，但是并没有看到家电产品的价格大幅度提高。

关于"薛小平猜想"，是获其益，还是受其害，都需要智慧和深度思考。不论是整机或零配件制造厂家、供应链商业体系，还是设备的终端购买者，都需要思考如何利用"薛小平猜想"的规律和结果，利用挖掘机产品耐用品性质的反作用，智慧地预计和调整自身对产品价格和品质的选择，使自身长期的商业利益最大化。

第十一章

卡特彼勒GX挖掘机对市场的冲击和影响

> 每种节约劳动力的新生产方法都会降低产品的价格，这也是厂主所追求的目的，他正是利用这种方法扩大自己的市场的。他不仅通过降低价格使消费者获得若干节约，而且能大大地增加总的消费量。
>
> ——法国经济学家　西斯蒙第

2020年末，行业世界巨头卡特彼勒在中国市场隆重推出了GX系列挖掘机，引起工程机械行业，尤其是挖掘机行业的巨大反响。在以国产品牌为主导的中国挖掘机市场大环境下，行业巨头卡特彼勒的新动作带来的市场关注是显而易见的。行业内对于卡特彼勒GX系列挖掘机，无论是对许多技术参数的变化，还是对其出乎意料的低售价，无不议论纷纭，看法褒贬不一。以我之见，对行业巨头卡特彼勒的新动作，需要透过表象进行深度观察和剖析，才能找到卡特彼勒这一操作背后的深层逻辑。

商场如战场，兵法中有一条非常熟悉的策略：谋定而后动。卡特彼勒是全球工程机械大象之首，此番隆重推出GX系列挖掘机不会是心血来潮，而是多年绸缪后的战略选择，GX系列挖掘机在市场上一定有其合理性和竞争力。不过，我们也不必为卡特彼勒这一举措感到意外。法国思想家杜诺欧说："事实上，竞争似乎是不协调的因素，但它实际上是使社会一切组成部分联合起来的可靠纽带。"在存量市场下，卡特彼勒推出GX系列挖掘机，显然是对中国市场有过深入调研，为了进一步提高市场占有率而开发出的新型产品。那么，

GX系列产品对市场的终端客户有什么优势呢？

我们都知道，卡特彼勒挖掘机的市场定位一直是以高品质、高价格的高端产品著称，其质量、性能和价格始终是挖掘机的各类参数的行业定位参照坐标，已经形成了世界挖掘机行业几十年来的行业习惯。那么，按照此逻辑，GX系列挖掘机的出现，会对挖掘机行业的各方面参数，尤其是价格（特别是国产品牌的价格）方面有什么影响呢？换句话说，GX系列挖掘机对中国市场包括全球市场的影响究竟有哪些？

在此，我要说明一点，就是我曾经提出的经济型挖掘机的概念，是指每个品牌大象在原来自身的标准型挖掘机参数下，生产出原标准型挖掘机价格的60%~70%的产品。那么，依照此概念和标准，卡特彼勒GX系列挖掘机是自身的经济型挖掘机吗？

我认为，卡特彼勒作为称霸全球工程机械近百年的行业老大，推出GX系列挖掘机，不是简单的权宜之计，而是其产品的步线行针、矩周规值的结果，其出台背景复杂而深远。我在此行业行走三十多年，也曾经是卡特彼勒的大客户，自认为对其挖掘机产品有一定深度的理解。下面，我将就其在中国市场的现状、战略转变的表现等几个方面展开论述。

一、卡特彼勒挖掘机在中国市场现状

知彼知己，百战不殆。要了解卡特彼勒这一举措的意图，我们首先要了解他们在中国市场的情况。

从近二十年来看，与其他外资品牌大象在中国市场的处境一样，卡特彼勒在中国市场一直备受挤压，具体表现在如下几点。

1. 产品竞争力逐渐变小

在中国工程机械市场初期，生产挖掘机的品牌厂家数量不足两位数。在市场高峰时，海内外挖掘机品牌大象、小象，最多时有70多家，经过市场的反复洗牌，至今还有30多家。图11-1所示为卡特彼勒与国产品牌和外资品牌挖掘机

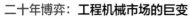

在中国市场的份额比较。通过图中信息可以看到，同其他外资品牌大象一样，卡特彼勒的市场份额有限，近几年更是进入了下降通道。

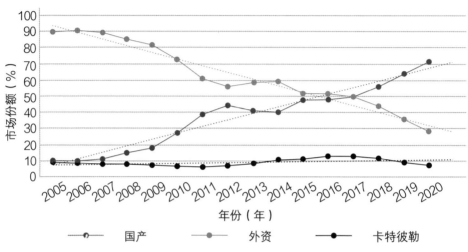

图11-1　卡特彼勒与国产品牌和外资品牌挖掘机中国市场份额比较

2. 小型挖掘机全面丧失竞争力

在当下的中国挖掘机市场，小挖的市场份额已经超过了60%。由于残酷的价格战，卡特彼勒小挖卖得越多，赔得就越多，严重拖累了品牌体系的竞争力。如果小挖系列产品最终结果是不得不退出中国市场，会使得整个挖掘机系列产品出现断层，这对卡特彼勒的挖掘机系列产品的整体竞争力都是严重打击。

3. 后市场客户覆盖率的严重丢失

中国制造业的崛起，衍生出数万家挖掘机零配件生产和供应商，几百万的修理服务兔子、蚂蚁（中小微企业）。他们对存量客户"围追堵截"，使得卡特彼勒在后市场对老客户的覆盖丢失了40%~80%，绝大部分零配件的价格不得不下降30%以上，部分甚至下降50%~70%。

4. 从厂家到代理商经营利润率的下降

就挖掘机产品商业链来说，"断其一指，必伤其余"。显然，产品销售规模的下降，后市场的客户严重丢失，从厂家到代理商的经营利润率一定也是大幅下降的。

我认为，以上这些现象的实质是，卡特彼勒近百年来在全球市场行之有效的传统商业模式，并不能适应中国市场的竞争。同样，卡特彼勒原有的挖掘机全球产品供应链，在中国市场已竞争力不足。传统常规的挖掘机市场的竞争方法和经营策略，在中国市场与国产品牌大象的竞争中，已经处于下风。也就是说，要改变这个竞争劣势，需要从商业链的源头寻找出路。

二、全球市场的布局

就中国市场来说，国产品牌挖掘机后来者居上成为市场主流的竞争结果已经毫无悬念。中国制造业的崛起，使国产品牌大象走向世界是迟早的事。那么对卡特彼勒（包括所有的世界级品牌大象）来说，下一步的竞争格局就不是只关系到在中国市场的得失了，而是国产品牌将在全球市场上出现，这将打破全球市场原有的平衡，重新分配全球挖掘机市场的"蛋糕"。同时，国产品牌零配件产业链也会流入全球市场，冲击全球的挖掘机后市场，尤其是"一带一路"的项目，会大大加快这一竞争的进程。卡特彼勒必将在全球市场面对中国品牌大象的全面挑战。

三、战略制胜

正如美国管理学家乔尔·罗斯所言："没有战略的企业就像一艘没有舵的船，只会在原地转圈，又像流浪汉一样无家可归。"对于一家企业而言，战略布局往往是市场竞争成败的关键，而战略的前瞻性又是决定企业长足发展的重要因素，不仅关系到企业能否做大做强，还关系到企业能否领先同行，成为领跑者。

1.GX系列挖掘机是经济型挖掘机

就不同品牌挖掘机的价格分布，如果将不同品牌产品进行比较，同类机型中价格偏低的，都可以认为是相对经济型的。而我所定义的经济型挖掘机，是指同一品牌在自身原来的标准型挖掘机标准参数下，生产出价格为原来标准型挖掘机的60%～70%的产品。

以卡特彼勒在市场最流行的挖掘机CAT320系列为例，图11-2所示为CAT320系列在中国市场的价格变化。这些年的平均价格为104万，最低价约95万，而同吨位的GX系列的挖掘机——CAT320GX价格在60万～66万，为十年内标准产品最低价格的65%左右，为十年内标准产品平均价格的60%。那么，以此推断，GX系列挖掘机定是卡特彼勒品牌的经济型挖掘机产品（假如我的判断标准是成立的话），至于GX系列是一般减配型，还是技术创新型产品，市场自有公论。

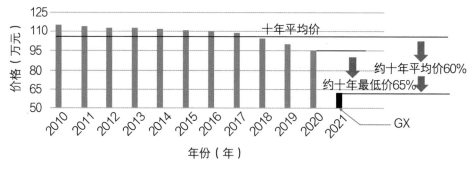

图11-2　CAT320系列在中国市场价格变化

2. GX系列挖掘机的推出所体现的内涵

军事家伏龙芝对于"战术"有这样一条观点："任何战术都只适用于一定的历史阶段；如果武器改进了，技术有了新的进步，那么军事组织的形式、军队指挥的方法也会随之改变。"前面分析了卡特彼勒在中国市场一直处于被挤压的状态，说明其百年来形成的商业模式，包括原有的挖掘机全球产品供应链，这些传统战略和竞争方式在中国失灵了，而要改变这个劣势，需要从如下源头上寻找出路。

首先是认知的突破。GX系列产品在中国市场的推出，表明卡特彼勒接受了中国制造业崛起的现实，深刻领略了国产品牌大象的创造力，接受了中国市场终端客户购买选择的变化。更重要的是，卡特彼勒并不是简单地领略了这些变化带来的生命力和创造力，而是放下行业老大身段，最大化地利用中国制造业低成本的优势，努力寻找和选择中国优秀的挖掘机零配件供应链，研发出可以与国产品牌大象竞争的产品。这是卡特彼勒对中国制造业的深度理解和认知提升的结果。就我本人看来，相对于其他外资品牌大象，这正是卡特彼勒顶层思维的不同或者说是高深之处。

其次是采用"以中治中"的措施。利用中国制造业低成本的优势，先用国产化供应链配套，再结合卡特彼勒的核心竞争力，提升卡特彼勒的产品竞争力。利用中国制造业的优势应对国产挖掘机大象的竞争，以适应中国挖掘机市场残酷的价格战。我认为，GX系列挖掘机正是这一战略措施衍生出的产品。

最后是"以中制夷"的战略方式。以中国制造业低成本的优势，利用中国优秀的挖掘机零配件为基础的供应链，改善和提升卡特彼勒的全球产品供应链的结构，增加了产品在全球挖掘机市场的竞争，尤其是在第三世界发展中国家的挖掘机市场的竞争力。同时，这也是应对国产品牌大象进入全球市场竞争的有力竞争手段。也就是说，GX系列挖掘机会对全球挖掘机市场的竞争产生深远的影响。

四、何以在中国市场立足

（1）挖掘机使用价值的下降。近二十年来挖掘机的租赁价格下降了约50%。显然，挖掘机的租赁价格已经大幅下降了，挖掘机品牌大象就不得不考虑，由于挖掘机租赁价格下降，终端客户对挖掘机产品的选择，会把购买价格作为最敏感和最重要的首选参数。或者说，所谓的品牌影响力中最重要的要素是价格。

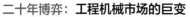

（2）从图11-2可以看到，CAT320标准型挖掘机的平均价格（约104万），如果以租赁价格来计算终端客户的投资回报周期，以我的经验，就现在的市场行情而言，大概需要5～8年的时间。而CAT320GX挖掘机的投资回报周期，只需要2～4年，为终端客户大大缩短了投资回报周期。中国市场适合20吨挖掘机的施工工程周期，大部分在两三年。同时，绝大部分挖掘机融资租赁销售的周期也是在2～3年。也就是说，GX系列的定价，在中国市场上有其合理性和竞争力，这对喜欢使用卡特彼勒系列挖掘机的终端客户来说也是利好。

（3）GX系列挖掘机的价格已经完全等同或接近当下的国产品牌价格，对于卡特彼勒的老客户或偏好卡特彼勒产品和技术特性的终端客户，选择购买GX系列产品的可能性大大提高。尤其是原有的卡特彼勒客户，能保持或继续使用熟悉的老产品，对其综合经济效益也是有利的。

五、对市场的长远影响

如上所述，卡特彼勒挖掘机的地位是"阳春白雪"，其价格一直是行业的定价坐标。

卡特彼勒挖掘机GX系列的价格定位会产生如下几个影响。

（1）假如继续按照中国挖掘机市场中原有的外资品牌和国产品牌、欧美系和日系（包括韩系品牌）挖掘机价格间的比例关系，其他品牌就不得不跟进开发出自己的经济型挖掘机，这使得中国市场上挖掘机的价格战变为另一种竞争方式。这无形中对每一个品牌大象的研发能力、定价策略包括营销手段和供应链等都提出了全面的挑战。

（2）随着卡特彼勒挖掘机全系列的GX产品陆续进入市场，可以推测出，无法跟进GX系列价格规律的各类品牌大象，其品牌或者同类机型产品，不得不退出中国挖掘机市场，或被逐步边缘化。

（3）无论是国产品牌还是外资品牌的挖掘机，如果性价比与GX系列接近或相当，终端客户的购买意愿转向GX系列的可能性会大大增加。毕竟，卡特彼勒成为全球工程机械行业老大已经有几十年的历史，品牌影响力犹在。

（4）同理，国产品牌大象在走向全球市场时，其核心竞争力仍然是性价比，那么在GX系列的性价比对应下，在全球挖掘机市场的竞争中，国产品牌大象将遇到GX系列挖掘机强有力的阻击和挑战。

总而言之，卡特彼勒是全球工程机械百年巨头，GX系列产品是其深思远虑的结果，就我寥寥几笔的议论，显然是管中窥豹，只见一斑。

第十二章

小挖价格战的结局

> 顺应市场的趋势，花全部的时间研究市场的正确趋势。不要考虑利润，如果你与市场保持一致，利润自会滚滚而来。
>
> ——美国投资家　威廉·江恩

在当下挖掘机销售的激烈竞争中，首当其冲的肯定是小型挖掘机（即"小挖"）了。从这几年的市场价格数据看，小挖价格的激烈竞争，实际上已经有好多年了。

一般来说，在挖掘机系列产品中，习惯上将自重吨位在15吨以下的小型挖掘机都归类为小挖系列，小挖与中挖和大挖不同，它的施工类型涉及范围非常广泛，除了常规的建筑、交通和市政工程外，还在农业、水利、园林及日常生活设施维护等场景工作，是"以机代人"施工的主要工具。当前，人工成本越来越高，小挖的市场需求呈现上升的趋势，这也使得小挖领域成为品牌大象（厂家）市场竞争的重要靶点。

对外行人来说，工程机械的价格战仅仅体现为产品销售价格高低的竞争。其实这是表面现象，工程机械的价格战与任何战争都一样，最后的输赢取决于双方政治、经济和动员能力等内在力量的较量。换句话说，假如我们能理解各品牌大象的小挖产品的内在因素的差异和特殊性，最后"战争"的结果也就了然于胸了。

一、小挖的内在特殊性

著名经济学家约翰·W.蒂兹有句名言："战略制定者的任务不在于看清企业目前是什么样子，而在于看清企业将来会成为什么样子。"可见，小挖产品系列如果想在价格战的竞争中取得胜利，首先要认识自身的情况，这样才能更好地为将来的市场竞争制定更有利的战略。那么，小挖在当前市场的现状是怎样的，又具备哪些特点呢？我觉得可以从以下几个方面来考量。

1. 产品制造方面

（1）发动机。

小挖的动力系统配套的是小功率柴油发动机。小型柴油发动机被广泛用于农业机械、运输车辆和一般工业品设备，是运用非常广泛的发动机。

小型柴油发动机生产厂家繁多，除了国内的发动机厂家，还有日本、韩国、美国和欧洲的厂家，这些生产厂家可提供众多可选用的发动机产品。也就是说，小挖的最核心的部件——小型柴油发动机的生产是全球化的，价格也是全球市场化的，相关技术壁垒较低，对各挖掘机品牌大象来说，有非常多的采购和配套选择。

（2）液压系统。

与大挖和中挖不同，小挖的液压系统的压力仅仅是大挖和中挖的三分之二左右，绝大部分在200～250 kgf/cm²（20～25Mpa）。较低的液压系统压力，使得对小挖的液压泵和液压阀的强度和密封性等技术性能的要求不高，其配套选择更容易一些。小挖的液压泵和阀类基本来源于日本、德国和韩国和中国生产厂家，全球范围内的生产厂家也不少。这些液压泵和阀类被广泛使用，生产量很大，价格基本市场化。挖掘机品牌大象对此的选择也有较大的余地。

（3）其他结构件。

既然是小挖，对应其结构件也一定是尺寸比较小，结构简单，各种配套厂容易生产配套。尤其是特别方便兔子企业，甚至蚂蚁家庭工厂来生产制造。

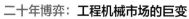

2. 使用和售后服务

（1）性能和工作环境。

大多数小挖的作业环境比大挖和中挖的环境好，小挖工作强度也比较低，尤其是农田水利和园林建设及市政维护工程，相当一部分的工作是"以机替人"的工作内容，这与大挖和中挖相比，对综合性能的要求低多了。

（2）零配件供应链高度碎片化。

上述几点原因，使得小挖零配件的供应链高度碎片化。发动机的零配件供应，不仅仅可以从小挖的制造厂家获得，也可以从其他农业机械和一般工业品供应链获得，这无疑方便了碎片化下兔子、蚂蚁的商业链的提供。

（3）维护水平要求低和服务碎片化。

小挖售后服务的绝大部分工作，机主自己可以完成，对品牌大象的售后服务需求较低，后市场被蚂蚁和兔子蚕食严重。

综上所述，从小挖的制造及售后服务等内在因素来看，小挖的特点是相对技术含量低，相对技术壁垒低，产品市场化高，客户对其使用性能要求不高，后市场供应链碎片化极高，也是非常容易被"仿照"生产和快速同质化的挖掘机产品。

二、小挖在营销中的位置

1. 对品牌大象

从小挖自身的特点和多年来品牌大象的习惯做法可以看到，小挖单台的利润率较低，销售台量对市场份额的贡献所产生的品牌影响力优先于销售利润。也就是说，对多产品的挖掘机品牌大象来说，主要经营利润来源的产品并不是小挖，小挖更多的是体现市场占有率的重要指标。相对来说，小挖的销售数量比获得的利润还重要。

2. 对狼（代理商）

可以看到，售出一台小挖的销售成本，从市场覆盖、客户商谈，再到成交的销售成本，与其他挖掘机的销售成本差不多，可单台利润却非常低。那么，在同样的利润总额条件下，狼的小挖销售台量多，相对的服务工作量大，客户纠纷比例高，质量索赔比例也多。并且，小挖的售后零配件销售和服务，更容易被蚂蚁和兔子蚕食。在此环境下，同比其他机型挖掘机，狼的小挖卖得越多越不合算，是销售利润率最低的机型。从利润绝对值上来说，也是最不合算的销售机型。

3. 小挖客户的需求多样化

小挖的购买方多是蚂蚁群体，他们非常熟悉和擅长后市场的自我服务，大钱小钱都要省。而对狼来说，小挖是售后服务需求连续性最差的机型。也就是说，小挖是狼在设备使用寿命周期中，获取总利润最低的机型。

三、小挖价格战的战略要点

1. 销量比利润重要的特性

从上述小挖的内在因素来看，小挖除了是容易快速同质化的挖掘机产品外，销售利润低，后市场的总利润也低，小挖对品牌大象的最大贡献是销售数量和市场占有率，即品牌的影响力。

图12-1所示为2017—2019年挖掘机总销量与小挖销量比较图。从图中可以看出，小挖为品牌大象的市场份额立下了汗马功劳，小挖的销售量约占全年的总销量的61%，而且小挖的市场需求还在增加。

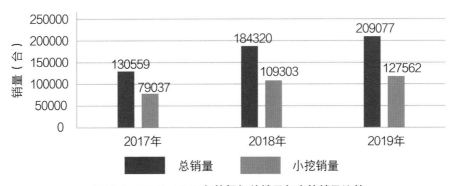

图12-1　2017—2019年挖掘机总销量与小挖销量比较

在当前的存量市场下，大象的市场份额和品牌影响力非常需要小挖的销售数量作支撑，而且小挖也不是代理商形成利润积累的主要机型，所以，在市场份额和价格竞争中，小挖是最容易，也是最迅速被拉入价格战的产品。

2. 近几年价格的比较（6吨位小挖）

根据各品牌大象公开的价格数据，图12-2所示为2017—2019年6吨位小挖的价格变化图，该图展示了三年来已经发生的价格竞争变化。

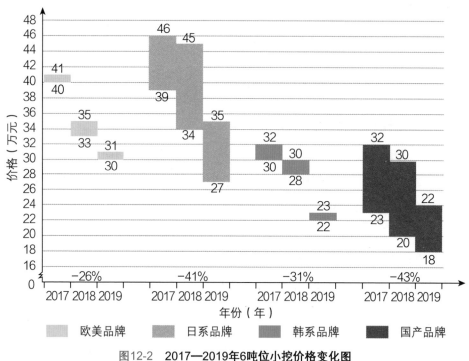

图12-2　2017—2019年6吨位小挖价格变化图

从图中可以清楚地看到，2017—2019年，六吨位的小挖各系列品牌的降价幅度为：欧美－26%，日系－41%，韩系－31%，国产－43%。尽管每一个品牌大象降价幅度并不一定如上图那般精准，但是从价格下降的趋势和范围来看，已经完全能说明小挖在价格战中的作用。

四、小挖价格战的战术要点

1. 继续降价的空间

从各品牌2017—2019年公开的财务报表来看，品牌大象的整机制造毛利在20%～40%，以此为标准，再结合近三年的小挖降价幅度，可以看到，即使毛利率以平均值30%来核算，各品牌的小挖毛利率已经接近边际成本，甚至更低（许多品牌大象小挖的平均毛利率不到30%，应该是在亏损销售）。这一价格大幅下滑的现象，除了各品牌大象之间的价格竞争，还包括各自产品在"薛小平猜想"下的价格规律。

如果当前的市场价格再下降10%左右，将会有一些品牌大象无法承受其成本底线，而不得不退出市场竞争，除非按照"薛小平猜想"的逻辑和规律，品牌大象采用大量的"简易化设计""简易化配置"，生产出相对"使用寿命周期更短"的新产品以大幅降低生产成本。

2. 小挖"命运"由大挖或中挖决定

从大象的综合利益看，即使小挖亏损，只要是能提高市场份额，能扩大品牌影响力，使系列产品的总销售量增加，让小挖亏损的利润由大中挖或其他产品来补充，用产品系列生态链来提高竞争力和综合利润，对多产品挖掘机的品牌大象来说，是个重要且合理的选择。

3. 先降价者胜（先发优势）

工程机械的重复购买频率很低，设备使用周期长达十几年。根据"薛小平猜想"的规律，在小挖的价格竞争中，谁能通过率先降价的手段使小挖销售量大幅度提升，就已经取得了胜利，价格"战争"就基本结束了。率先降价者得胜，有先发优势者得胜。

4. 降价速度比降价幅度要重要得多

观察这几年工程机械的竞争过程，尽管绝大部分品牌大象最后都选择了降

价，可在同样的降价幅度下，跟风随后的被动降价者，最终的销售量却增加甚微。这就说明，在存量市场下，客户的购买资源是有限的，一旦错过，将"终生失去（一个经济周期内永远失去）"。速降速胜；慢降等于不降，就是"赔了夫人（利润）又折兵（市场份额）"。

五、可能退出"战争"的小挖大象

1. 现在国内市场小挖的品牌大象

欧美：曼尼通、山猫、卡特彼勒、凯斯、沃尔沃、约翰迪尔、威克诺森。

日系：久保田、竹内、洋马、石川岛、小松、日立建机、神钢、加藤、住友。

韩系：现代、斗山。

国产：三一、徐工、柳工、临工、山河智能、玉柴、雷沃、厦工、力士德、詹阳、山重、山推、厦工。

2. 可能退出中国市场的小挖品牌

在存量市场下，就上述各种因素的竞争环境下，在小挖的市场价格竞争中，判断可能退出中国工程机械的品牌大象的类型主要有如下条件。

（1）在中国市场上只有小挖产品，无法实现自身挖掘机系列产品利润互补的品牌大象。

（2）在中国市场上，除了小挖，即使还有其他系列产品，但其他产品的利润和数量"自身难保"，已经无法给小挖利润补偿的品牌大象。

六、小挖价格战的结局

1. 小挖胜出者一定是全系列产品优胜者

谁是小挖价格战最后的胜利者？基于以上分析，我认为对小挖单一产品的考量和预判已经没有意义了，小挖价格战的胜利者，一定来自大挖和中挖价格战系列产品的胜利者。图12-3为2019年挖掘机品牌内销前十名的市场占有率（根据公开数据整理）。

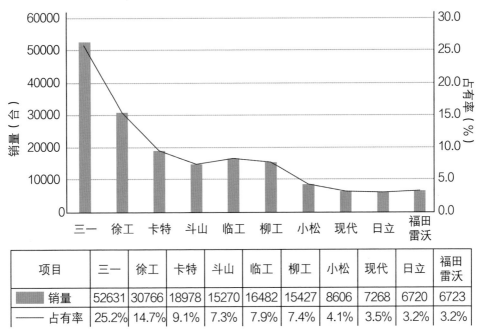

项目	三一	徐工	卡特	斗山	临工	柳工	小松	现代	日立	福田雷沃
销量	52631	30766	18978	15270	16482	15427	8606	7268	6720	6723
占有率	25.2%	14.7%	9.1%	7.3%	7.9%	7.4%	4.1%	3.5%	3.2%	3.2%

图12-3　2019年挖掘机内销前十名市场占有率

按照如此逻辑，我认为，未来1～3年内，小挖价格战的胜利者一定是在三一、徐工、卡特彼勒、临工、斗山、柳工中产生（年销售量为15000台以上），而绝对不会出现像欧美发达国家的市场情况：某个单一的小挖品牌在市场份额上单独获胜。也可以肯定地说，不论是外资品牌还是国产品牌大象，如果只是单一生产或提供小挖品牌的，在中国工程机械市场唯一的结果就是退出市场竞争。

2. 小挖价格战将推动小挖的技术革命

小挖的相对低壁垒技术和质量性能的同质化及生产过程的相对简单化，导致价格战是必然的。即使没有价格战，在供大于求的存量市场下，最后也难逃

"薛小平猜想"的规律。

因此，工程机械市场的价格战一定会推动其技术革命和技术创新。从根本上推动技术创新，采用新技术后成本更低，研发出效率更高的智能化产品，是唯一能长久不败的出路。

综上所述，工程机械市场的价格战，表现为产品销售价格高低的竞争，仅仅是表面现象。看待价格战，还应看到它是外在局势和内在因素共同作用的结果。相信有了上述分析，大家已经心中有数。至于小挖价格战最终的结局，小挖将会如何发展，这是品牌大象们从各自的综合利益来全面衡量和选择的结果。

第四篇

行业债务纠纷的演变

第十三章

行业债务纠纷的影响

> 不要向别人借钱，也别借钱给别人。因为向别人借钱往往会磨钝了你节俭的刀锋，而借钱给别人，则往往使朋友和钱财两头落空。

——英国作家　莎士比亚

无论工程机械行业未来是继续成长性的繁荣还是周期性的发展，有一个市场现象是绕不开的，这也一直是行业的痛点，那就是工程机械行业的设备买卖债务纠纷。

关于债务，英国前首相本杰明·迪斯雷利说过一句很有意思的话——债务是愚蠢和罪恶之母，而且还多子多女。这句话用在工程机械行业也非常贴切。

尽管行业相关各方想尽一切办法避免发生这种囧事，甚至融资租赁机构和法律界的同仁也竭尽全力，创造了不少对债务风险控制的"秘密武器"，都希望消灭这一痛点。遗憾的是，工程机械行业的债务纠纷——"卖了设备收钱难"的现象还是屡屡发生。那么，这些现象的内在因果关系究竟是什么？

对于这一问题，绝大多数人习惯于把工程机械行业的设备买卖债务纠纷限定在本行业内来观察分析，我认为，如此思考可能有许多局限性，还应该从如下几个方面来思考。

（1）各品牌大象在产品销售的市场竞争中，把追求销售产品的市场占有率作为企业经营的最高优先级，是此种经营竞争方式带来的债务风险。

（2）工程机械设备的终端购买者（兔子、蚂蚁）自身的抵抗市场低迷和周期性风险的能力。

（3）少数客户对契约精神的认知和对现代经济合同的理解，以及民间已经形成的经济合同支付方式的潜规则。

综合考虑，我主要从以下几个维度来讨论。

一、行业债务纠纷的特点

首先我们来谈谈工程机械行业设备买卖债务纠纷的独特性。

我们都知道，具体事物的矛盾的各个方面都有其特点，中国工程机械行业的债务纠纷也是如此。主要表现有如下几个方面。

（1）品牌大象为提升产品的市场占有率而产生的超卖现象。

中国是全球工程机械竞争最为激烈的市场之一，在中国市场的产品销售的占有率对各品牌大象在全球的商业地位也有着直接的影响。正因如此，国内外各品牌大象为市场份额竞争而发起价格战，中下游品牌大象为生存而竞争，它们往往为追求市场占有率而尽可能地扩大产品信用销售规模，抢占优先的经营权。这样一来，设备买卖交易的债务风险也随之放大和增加。

（2）设备购买者抗风险能力低下的影响。

工程机械设备信用销售的终端购买者，绝大多数是兔子和蚂蚁，尤其是挖掘机、推土机、装载机等常规通用设备，终端购买者为兔子和蚂蚁的比例在90%以上。这些设备的终端购买者有施工小分包商、个人机主、操作手、服务修理、租赁、运输、零配件供应链、二手机翻新、中小修理厂，再加上他们亲戚朋友的合伙购买者，是一个高达千万人以上的基层群体。

这个群体对契约精神的认知，与现代商业经济合同的高标准尚有差距。尤其是兔子和蚂蚁自身的抗风险能力低，自有资金能力和贷款抵押财产非常有限。在对抗任何市场经济波动的风险时，他们向设备销售方转嫁市场风险的成本是最低的。那么，工程机械设备的卖家"卖了设备收钱难"是大概率事件，设备交易债务风险的出现也就随之而来。

（3）在工程机械设备的融资租赁销售中，低首付的融资销售方式放大了债务风险。

近几年，工程机械设备的绝大多数销售方式是融资租赁销售，绝大多数兔子和蚂蚁购买设备，也都是通过融资租赁的信用销售方式成交的。尽管这几年融资租赁销售的零首付方式已经很少了，但是大量的低首付（15%～30%）信用销售仍然是产生逾期风险的重要原因。虽然品牌大象对所有的融资租赁销售业务提供了风险担保，但是如同击鼓传花游戏，只是限定了彩球最终落到谁手里，并没有真正降低设备交易中债务的风险。

最后是融资租赁信用销售的周期与基本建设的周期不重叠的影响。融资租赁信用销售周期大多是2～4年，如果此周期被覆盖在国家基建高峰或工程机械行业上行周期之内，设备付款逾期的风险还能维持在较低的水平。反之，则风险会大大增加。

二、契约精神和现代经济合同

卢梭在《社会契约论》中写道，"一个理想的社会建立于人与人之间的契约关系"。在生活中，人们总容易让社会发展中形成的某种契约和实际的合同约定产生偏差。这种偏差，主要体现在以下几个方面。

1. 终端客户群体对现代商业经济合同的理解

工程机械设备的终端购买者主要是本行业的基层群体。"欠账还钱，天经地义"是民间传统约定俗成的一种契约，但这种契约对欠账还款的时间比较宽容，只要是能还款，即使是拖了一段时间再还欠账，都是被认为可以接受的或者是合乎情理的。然而在现代商业经济合同的执行中，除了对合同金额的约定，更有对实际执行时间的严格约束规则。显然，终端客户群体对这两者的理解和执行，尚有差距。

同样，在基本建设行业与工程机械行业的日常商业活动中，我们也经常见到，经济合同的支付方，尤其是工程建设的承包方，将各类支付款的支付时间拖延到春节前或年关及大型节日前，这是非常普遍的合同款项支付现象。显然，这些经济合同初始的约定或发生及执行的时间，不可能都是在节假日或者年关的时间节点上。也就是说，经济行为的各方当事人，对合同非严格执行时间的可接受度和宽容，对欠款归还时间的滞后的包容都比较高。那么以此类推，这样的支付方式必然产生连锁反应：购买设备的终端客户对设备销售方的应付款支付的不确定性。这类已经成为民间习惯的，对经济合同支付款的支付时间的不确定性，在国内许多行业的商业交易中也都是普遍现象。

2. 一定比例的恶意欠款是客观存在的

根据有关公开数据，自2013年至2019年末，我国已经累计有1590万失信被执行人（欠账老赖）。根据企查大数据研究院推出的《2020年失信被执行人风险数据报告》，2020年全国新增加的失信被执行人为249.84万。那么，这总共1840万的失信被执行人中，有多少是在工程机械行业内呢？

三、对簿公堂后的"两败俱伤"

前面讲了"干完活结账难，拖欠工程款"等全国基建行业的顽症，为了解决这一问题，最直接有效的方法就是寻求法律的帮助，这显然是无可奈何的选择。而这一选择也不见得完全称人心意，主要有以下问题。

1. 工程机械债务纠纷诉讼的复杂性

工程机械设备的正常工作，涉及发动机、液压系统等成千上万个零配件的质量和性能，售后服务及合理操作等方面。借助法律诉讼手段来处理设备的买卖债务纠纷时，难免与设备本身的质量和服务及其他纠纷混在一起，以致纠缠不清。再加上融资租赁销售合同本身的复杂性，最终的结果可能是：可以保证当事人的权益，但是不一定能保证当事人的经济利益。

2. 任何一方的诉讼都意味着宣战和决裂

就中国民俗习惯或工程机械行业的特殊性，供求双方的任何一方的诉讼都意味着宣战和决裂，无论最后的诉讼结果是否公平合理，双方继续合作的可能性几乎没有。正如古罗马的戏剧家拉贝里乌斯所说："小笔借款使受惠人成为债务人，大笔借款则使受惠人变成仇人。"为了追回债款，合作伙伴对簿公堂，反目成仇的比比皆是。

工程机械设备的特殊性使终端客户的数量相对有限，每一台设备的法律诉讼牵扯了合伙投资者、所有者和使用者等一个个小群体。由于法律诉讼的客户群体的增加，就意味着放弃此品牌的客户比例增加，继续购买原品牌的客户的比例减少。

3. 品牌大象的各种"风控手段"存在副作用

就中国民间风俗习惯和法律环境来说，基层客户群体很难正确理解：销售方在设备促销时各种"甜言蜜语"的承诺，砸金蛋时的"慷慨"，和最终产生设备债务纠纷时的"认法不认人"，这两个维度的反差巨大。于是，品牌大象风控手段越"狠"，委托律师办事越"彻底"，法律诉讼的副作用就越大。一旦法律诉讼启动，无论诉讼结果如何，该品牌在基层客户群体的影响力都会被弱化。

近十几年来，一些知名品牌大象曾经因法律诉讼大面积处理设备买卖债务纠纷（包括委托代理商的诉讼），丢失了大量的基层客户，使得品牌影响力深层次的弱化，最后形成了市场份额的跌落。尽管市场份额变化的原因有很多，可大量的法律诉讼所产生的副作用也是其中不容忽视的重要原因之一。

以上讨论，只是展现了工程机械设备买卖债务的"冰山一角"，而"水下的冰山"（隐形债务）究竟有多大，无法定量分析。但是就此简单的分析讨论，已经可以对工程机械行业债务的复杂性和长期性有如下基本判断。

第一，工程机械行业的债务纠纷，不仅涉及中国宏观经济发展的规律，与国内基本建设的运作方式也息息相关，同时还伴随着国家法制健全的过程，包括终端客户群体对契约精神和现代经济合同的理解。这些宏观因素决定了它的长期性和复杂性是客观存在的。

第二，就当下的中国法治环境来看，工程机械行业债务纠纷的法律诉讼可

以保证当事人的权益，但是不一定能完全保证当事人的经济利益。它的复杂性
和长期性，决定了局部的"风控手段"作用是有限的。对违约末端客户大面积
的法律诉讼，其手段越"狠"，委托律师办事越"彻底"，副作用就越大。无
论当时谁赢谁输，长期的最终结果都是两败俱伤。

第十四章

营销与债务：大象、蚂蚁、狼
多败俱伤，谁之过

> 精明的人是精细考虑他自己利益的人，智慧的人是精细考虑他人利
> 益的人。
>
> ——英国诗人　拜伦

很多债务纠纷最终不得不对簿公堂，以法律诉讼为结果以求得输赢。上述
过程还牵扯了相关债务纠纷在判决执行层面的问题。为此，在本章内容中，我
们将就大象和狼及蚂蚁群体（终端购买者），在债务纠纷中各自承担的角色和
具体做法以及可能产生的影响做一些讨论。

一、融资信用销售和客户结构

当前，工程机械设备的销售方式主要有三种，分别是全款现金、分期付款
和融资租赁销售，后两种可以归为信用销售，占比80%～90%。客户类型为两
种：企业客户与蚂蚁群体客户，其中蚂蚁群体客户占比70%～90%。图14-1所

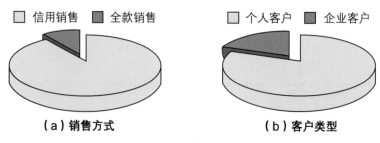

图14-1　工程机械设备销售方式与客户类型

示为工程机械设备销售方式与客户类型。信用销售的契约合同有三方：提供资金的融资方、提供设备的品牌大象和购买设备的终端客户。

二、大象和狼的营销对蚂蚁的诱惑和"欺骗性"

1. 品牌大象和狼在营销中对蚂蚁的诱惑力

中国有句商业谚语："买的不如卖的精。"这显示了卖方的灵活性和专业性优势。我们可以清楚地看到，在品牌大象和狼的营销中，其信用销售中最有诱惑力的卖点就是，蚂蚁利用银行（融资）的钱购买大象的设备为蚂蚁自己去赚钱。当前，国内银行贷款的主要方式是房产打折后的抵押贷款，这一方式不仅对房屋等固定资产打折较低（70%~80%），而且对偏远地区的房屋等固定资产不太友好，有的房产甚至根本不被银行接受。与这一方式不同的是，利用工程机械设备的全额反抵押贷款，融资手段灵活，也不受地域限制，并且，提供合适的设备与办理复杂的融资手续，是在品牌大象和狼的帮助下共同完成的，这对急需设备又严重缺乏资金的蚂蚁群体购买者，尤其是在经济落后的边远地区的蚂蚁群体客户，有着无法拒绝的诱惑力。

2. 如此营销的诱惑对蚂蚁客观上的欺骗性

完成契约合同有三个关键要素：设备的选择、融资条件和支付时间。这三个要素是三个变量，前两个是可见的，是三方可协商的可控商业参数，而第三个变量——按期支付的时间，涉及国家宏观政治经济政策变化、国家基本建设的投入周期、施工方使用设备的配套需求、蚂蚁的自我经营能力等问题，有着不可见的不确定性。对于此参数的不确定性对市场的影响，就几十年来中国市场经济的特点而言，行业内许多牛人包括品牌大象、狼和蚂蚁，鲜有人能够准确地预见其市场规律，这是融资方、大象和购买者三方共同的风险。

与蚂蚁群体相比，品牌大象和狼因各自在商业链中的位置，掌握着更多中国市场乃至全球市场的行业相关商业数据和资料，大象和狼对市场风险的理解和预测及避险能力，是远远胜于蚂蚁群体的。可是，大象和狼明知道这种交易方式的风险，更清楚变量参数"按期支付"的不确定性，却很少对蚂蚁购买群体放出风险警示。恰恰相反，他们反而在利用各种营销手段：残酷的价格战、各种大大小小的促销会、砸金蛋、定金翻倍转本金、免费配件、赠送高档手机甚至商用轿车等，诱发蚂蚁群体的误判，以达成设备营销的目的。

在具体的三方交易中，如果蚂蚁购买者是唯一的违约者，根据三方的合同契约规则，最终结果是蚂蚁购买的设备被收回，人财两空。这时候就反映了品牌大象与狼的营销诱惑力，对蚂蚁购买者的伤害，或者可以说是客观上的欺骗。

三、大象与狼自食其果的损失

既然融资信用销售是三方契约的执行，合同的违约对大象和狼造成的损失也定然是存在的，这不仅影响了应收款的回笼质量，还有对大象与狼管理效率和竞争力等深层次的负面影响。

1. 契约合同违约背后的统计学规律

品牌大象和狼的信用销售的各类工程机械设备，每年的销售量从几万台到几十万台，其中违约台量年复一年地积累，最终形成了一个众多违约台量的集合体。如果把信用销售合同或契约集合后抽象为一个数学模型：高斯正态分布[1]。图14-2中的A曲线就是高斯正态分布下，合同契约的理想完成曲线，也可以说，是信用销售合同完全按照契约计划执行完成的曲线。可是，实际上的执行结果却是B曲线和C、D曲线，或者结果更平坦（恶劣）的曲线。图14-2所示为理想的计划支付时间与实际支付时间的比较。

---

[1] 以高斯分析方法为基础，美国学者亨利·马克威茨等获1990年诺贝尔经济学奖。销售计划和契约合同的风险评估都可抽象为统计学中的某种数学模型。

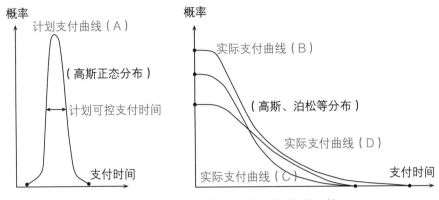

图14-2　**计划支付时间与实际支付时间的比较**

B、C或D曲线的出现，正是支付时间参数的不确定性所致。理想A曲线之外的分布都是违约的发生，只要是违约的发生就有损失者，或是两败及三败俱伤。

2. 大象与狼管理效率和竞争力的深层次负面影响

年复一年的销售量，残酷的价格战，最后形成的是年复一年的违约曲线的叠加——这种违约金叠加的实际结果只能是越来越严重的恶性循环，以至于继续用信用销售还是无法自救的违约问题，最终不得不求助法律，增加了直接成本和间接成本。即使用其他经济或财务手段平衡或补偿，最后还是要形成对品牌大象和狼管理效率和竞争力深层次的负面影响。

四、蚂蚁的误判

随着中国的改革开放和国家基本建设的巨大投入，的确有部分蚂蚁群体利用工程机械融资信用销售获得了第一桶金。但是，乘上这一东风的暴富者还是少数，而且其成功的客观因素很多。可就蚂蚁群体的商业链地位和知识结构而言，部分人很容易把这些特殊性作为一般性理解，往往过高地估计自身的盈利能力，严重低估了国家宏观政策和行业周期等客观要素的影响，导致在融资信用销售的交易中出现一系列的误判，追求过高的融资杠杆，大大增加了违约的风险。尤其是为了获得更好的融资条件，存在部分人向融资方和大象及狼提供了不真实的资审材料（假数据或虚假资产报告）、不切实际的资金回笼预测，这大大增加了融资机构客观评估具体购买案例风险的难度。

工程机械设备的经营毕竟属于大宗生产资料的理性消费，相关财富的积累需要时间更长，而冲动消费或超前消费的非理性选择，都是不符合工程机械设备积累财富的规律。

五、大象、狼和蚂蚁对违约风险的处理手段

1. 上市公司大象的"设备营销损失在股市上补"

品牌大象在信用销售中的损失，可以向上下游供应链转移部分风险。除此之外，尽管这些设备的销售有些损失，可是大象利用这些有损失的销售量，仍然可以使上市公司的财务数据凸显企业运营上升的实力，在二级市场中体现出品牌大象的强有力的利好——换句话说，只要是产品销售量上去了，上市公司大象在股票市场的获利远远大于设备信用销售产生的直接损失。这一操作技巧，早就成为品牌大象非常娴熟的获利手段了。相比之下，狼在设备信用销售中受损之后，就没有如此高明的回避风险的手段了。

2. 狼对违约风险的对应

中国工程机械绝大部分本土狼的资金实力非常有限，对于因融资信用销售产生的违约曲线的叠加，除了自己扛着，狼基本上没有更好的对应策略。而这种年复一年连续性的违约离散性的积累，最终会形成狼自身无法消化的利润损失和资金流动困难，长期的获利能力大幅递减或无法继续经营。当狼实在无法承受其重时，只能是指望大象"输血支援"。如若大象对此有异议或另有他图，就是大象与狼的分手之时。所以狼的最重要的应对风险的手段是：在三方融资信用销售契约中风险的回避或转嫁，要不就是向供应链的上游大象回避，或者向供应链的下游的蚂蚁转移。然而，无论是哪种方式，都不利于自身的长足发展。对狼最为不利的局面就是：对大象端，狼是信用销售风险的防火墙，可对蚂蚁端，狼又是违约风险的承担者。如此场景下，一旦债务风险来临，狼

受上下两头挤压，必然陷入困境，甚至有灭顶之灾。

3. 蚂蚁群体对违约风险的对应

在三方合约中，蚂蚁群体是设备和资金的求助者，自然在三方的合约中是最严格的被限定者。不论是国家宏观经济和基本建设的变化，蚂蚁的自我经营能力的不足，还是"干完活没按时拿到工程款"所造成的任何原因，只要是延误了合同的支付时间，均属于蚂蚁的违约，都会受到合同违约条款的制裁。对于此风险，如果蚂蚁群体没有其他财产垫付，最终只能是以身试法。当官司败诉后，不仅设备被法院收回，还要支付赔偿，其结果是"竹篮打水一场空"。

六、锥心一问

即使违约客户因违法进了监狱，狼为此违约垫款支付，以求得品牌大象的利益和融资利息的不减少，从而使信用销售的合同得到最终的完全执行，可是这些相关群体客户还会继续购买这个品牌的设备吗？枕干之雠，品牌大象损失的是招致相关购买群体客户几代人的恩怨和仇恨，这份恩怨要如何解决呢？

不论是从统计学的违约数学模型的离散性分析，还是中国法院相关工程机械信用销售民事纠纷结案率的实际情况：工程机械信用销售违约纠纷的了结，3～5年内完成的都是少数，消耗5～10年的为绝大多数，少部分的结案在10年以上。为此，行业内相当多数人的精力被消耗在长年累月的讨债、经济纠纷和官司诉讼上，并且由此产生的十几年恩怨和仇恨的积累，可能是终生相随。

或许我们都应该扪心自问：利用信用销售促进工程机械商业繁荣的终极目的究竟是什么？信用销售本质是互利，而不是互害，有句话说得好，"如果无数人死在通往星辰大海的路上，那么星辰大海将没有任何意义。"

总之，我们希望当工程机械融资信用销售一切顺利完成时，是三方皆大欢喜的"多赢"。德国哲学家黑格尔说："人类不会从历史中得到教训，只会不停地重复历史。"以我之见，就当下中国工程机械市场的各方面实际情况，在相当长的一段时期内，工程机械设备买卖债务纠纷，还是一个要继续发生的行业客观现象。

第五篇

工程机械环保政策的影响

第十五章

如何理解工程机械设备环保政策

> 一位有资格的管理者总是能够明确外界的各种限制因素，并对此采取相应的管理方法和技术，从而对一个社会的经济发展大显身手。
>
> ——美国管理学家　哈罗德·孔茨

数年来，国家环保政策具体条例将于何时出台、具体内容如何，又会给工程机械市场带来何种影响……这些大大小小的问题，始终在牵扯整个行业的心跳节奏。放眼望去，汽车行业环保强制报废政策前鉴不远，更制造了各种似是而非的猜测。一些大象和狼为营造焦虑下的促销效果，大放"紧张空气"，进一步导致旧设备所有者产生了不必要的"恐慌"。

这是行业的黄昏？还是滔天的巨浪？答案都是否定的。

自2018年以来，我始终坚持并多次重复如下观点：即使相关环保政策确定出台，也必然是渐进而非冒进，更不可能是"一刀切"的形态；相关具体环保政策的推出，也会有明确的时间表，以避免设备所有者乃至整个行业、全社会为此付出不必要的损失或代价。

2019年10月，国家有关机构确定将相关的环保政策出台时间从2019年底推迟到2020年6月，这在一定程度上说明了工程机械行业环保监管环境的复杂性，也无形中验证了我观点的正确性。

大概率而言，国家工程机械设备环保监管政策的正式发布时间，仍将继续向后推移。即使日后相关政策出台，也会分时、分区域设计，其执行更会如

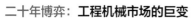

此。在这一章中，我们将更为详细且全面地论述该观点，并努力为政策制定者和行业内利益相关者呈现不同的思考角度。

一、谈论环保，究竟在谈什么

曼埃尔·卡斯特在著作《信息时代》中写道："我们正见证着越来越受到'理性期待'支配的网络、市场、组织的兴起。"毫无疑问，当我们的行业在谈论环保时，越来越多的人倾向于"理性期待"，这种期待将表现于对如下问题的回答。

1. 环保政策是否考虑行业特殊性

会考虑。

环保政策是国家大计，但在不同经济领域内会有具体执行的差异。针对工程机械设备排放的环保监管政策，是会"一刀切"，还是会考虑到工程机械设备的特殊性？

纵观近年来国家政策出台越来越务实化、理性化的风格，我们应相信相关政策的制定部门会深入了解工程机械设备市场的复杂性，其环保政策的内容也将基于现实，并符合经济环境的发展趋势。因此，行业没有盲目悲观的必要。

2. 环保政策对工程机械设备的促销必然是利好

并非如此。

2019年以来，许多工程机械设备行业报告都不约而同地形成了乐观的共识：国家针对性环保政策的出台，会推动行业内产品以旧换新速度，由此会促进新产品的销售量。然而，与其说乐观情绪不断传染是良好的愿望，不如说只是认知上一厢情愿的误区。

大多数行业报告认为，国家环保政策出台，旧设备将及时报废，"旧的不去新的不来"，需求方一定会去购买新设备。但实际上，无论是卖掉旧设备、自行报废旧设备，还是强制报废旧设备，这三者的结果就一定都会是导向购买新设备？

如果逻辑如此简单，我们就无需分析环保政策对工程机械商业链各环节的具体冲击了。

二、从理清事实入手

是哪些具体的社会影响因素最终形成了某一公共政策？要清楚回答上述问题，是艰巨甚至是难以完成的任务。及时理清工程机械行业的事实，有助于我们观察环保政策将如何影响行业，又如何被行业影响。

1. 如何影响行业

环保政策涉及几百万台旧设备，价值几千亿元的个人资产。以国一和国二排放标准为例，其涉及的旧设备均为兔子和蚂蚁（个人或小微企业）的财产，仅是挖掘机和装载机存量就大约326万台，总共约6700亿元的财产（详见表15-1）。

"报废换新"和"卖旧换新"，结果是完全不一样的。旧设备价格仅为新设备的10%～35%，假如环保政策要求将所有旧设备报废，设备持有者再拿出几倍于旧设备价格的资金去置换新设备，将会是典型的小概率事件。

例如，国一和国二排放标准线下的挖掘机、装载机，共约326万台，价值约6700亿元，采用"报废换新"来置换这约326万台设备的资金，至少要达到2万亿～3万亿元的资金。这将是兔子和蚂蚁群体无法承受之重。

2. 如何被行业影响

工程机械设备在施工现场的重要竞争力之一就是低成本运作，而低成本的要点之一在于延长了设备的使用周期。工程机械的碎片化、相关资源配置的社会化（笔者的主要理论观点），其进程与中国制造业崛起几乎同步。

在这一进程中，数万家兔子、蚂蚁组成的零配件制造和供应链，将全球品牌大象几乎所有产品的零配件供应周期都延长了许多年，使机械设备使用寿命大大延长，极大地提高了机械设备的利用率和投资回报率。这是中国制造的优势和潜力所在，也是环保政策在推出时将会考虑的重要因素。

环保政策制定者需要考虑的另一重要影响，集中于报废行为的性价比上。发动机排放是工程机械设备的主要污染原因，但发动机本身的价值，只占工程机械设备价值的10%~30%。比如，仅就挖掘机和装载机而言，如果为了价值670亿~1800亿元的发动机，而报废约6700亿元（详见表15-2）的整体设备，显然是极不合理的。相比之下，置换或技术改造发动机，才是更理性的决策。这一决策将能保留价值几千亿元的机械设备财产，继续投入到国家经济建设中。

此外，由于牵涉国家整体层面，建立一个类似于运输车辆监管系统的工程机械设备环保监管系统，也需要时间、人力资源和巨大资金的充分投入，并非轻而易举。

三、从理清数据入手

巴菲特向他的股东们引用过亚伯拉罕·林肯最喜爱的一个谜语："如果你将狗的尾巴也当成一条狗腿，那么这只狗有几条腿？"答案是四条。狗并不会因为你将它的尾巴"当成"狗腿，就改变原有的数字。巴菲特由此认为，尊重数据以及背后的事实，要强于管理者自身的主观意愿。

工程机械设备领域内的数字本身，就是研究相关环保政策的最好证明。

1. 旧设备的数量

工程机械设备的使用寿命较长。同时，由于工程机械的碎片化和相关资源配置的社会化，数万家兔子、蚂蚁零配件制造商和供应链，共同使零配件价格下降了30%~70%，极大地降低了设备维修成本，最终大大延长了设备使用寿命。因此，在设备施工和交易市场上，普遍活跃着使用了10~20年的工程机械旧设备，它们的品牌机型和制造时期都呈现出多样化。

工程机械设备的市场存量之高、种类之多，再加上多年来积累的不同类型的旧设备，这比我们对此的一般认知要复杂得多，准确统计非常困难。至今为止，我们也无法清楚了解到，全国工程机械存量设备中发动机符合"国一""国二"排放标准的究竟有多少，也无法查阅到公开的准确统计数据。为此，我们只以工程机械中数量最多的挖掘机和装载机为例来解析，图15-1所示为国内各类型工程机械设备的价值比例。

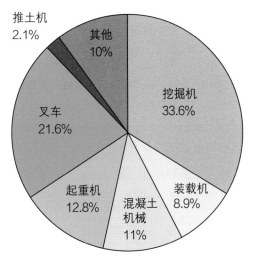

图15-1　国内各类型工程机械价值占比

（来源：方正证券《起底两轮周期的背后，挖机行业今非昔比》）

从图15-1中可以看出，挖掘机和装载机价值的占比为国内工程机械设备价值约42.5%。图15-2所示为挖掘机和装载机不同排放阶段的占比。

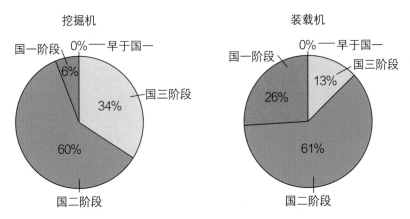

图15-2　挖掘机和装载机不同排放阶段的占比

（来源：中金公司《工程机械2019投资手册：基建回暖稳需求，排放升级促更新》）

表15-1所示为2018年底，国一、国二排放下，挖掘机和装载机的市场保有量数据。表中考虑到公开统计数据与市场实际情况差异，以公开统计数据加权1.2倍（详见第二章内容），市场保有量约为1000万台。表中的旧设备数量均为最低估计值，事实上，实际使用中的旧设备存量远高于表内所列的数量。

表15-1　2018年国一、国二排放下挖掘机和装载机保有量

单位：万台

分类	总量	国一排放阶段			国二排放阶段			国一和国二合计数量	合计加权1.2倍
		占比	数量	加权1.2倍	占比	数量	加权1.2倍		
挖掘机	187	6%	11.2	13.5	60%	112.2	134.6	123.4	148.1
装载机	171	26%	44.5	53.4	61%	104.3	125.2	148.8	178.5
合计	358		55.7	66.8		216.5	259.8	272.2	326.6

2. 旧设备的价值

如果以2019年挖掘机二手设备市场价格的最低值对不同类型的旧挖掘机估值，其中大挖、中挖及小挖的比例分别为15%、55%、30%。表15-2所示为国一、国二排放下挖掘机和装载机的估值。

表15-2　国一、国二排放下挖掘机和装载机估值

分类	国一和国二总量/万台	国一排放阶段			国二排放阶段			合计当下估值/亿元
		台量/万台	原值估值/亿元	当下估值/亿元	台量/万台	原值估值/亿元	当下估值/亿元	
大挖掘机	22.2	2.0	363.5	36.3	20.2	4039.2	1413.7	1450.1
中挖载机	81.5	7.4	740.4	74.0	74.1	8886.3	3110.2	3184.3
小挖掘机	44.4	4.0	141.4	14.1	40.4	1615.7	565.5	579.6
装载机	178.5	46.4	1160.3	185.6	108.9	2885.5	1306.6	1492.3
合计	326.6	59.9	2405.5	310.2	243.5	17426.7	6396.1	6706.2

由表15-2可见国一和国二排放阶段下挖掘机和装载机的估值。虽然2019年二手设备的市场估值只是新设备原值的10%左右和35%左右，但其最低估值总量仍有约6700亿人民币，依然是价值不菲的设备资产。

3. 旧设备所有者的成本

任何一项监管政策的推出，都必然有人要为之付出成本，研究旧设备所有者的成本，会让我们更清楚环保政策的影响力度。

首先，要明确这些旧设备的所有权属性。一般而言，工程机械设备存量市场的90%的常用中小型常规设备产权，由蚂蚁和兔子持有。根据工程机械设备使用者和所有者的周期转换规律，表15-2所述价值约6700亿人民币的旧挖掘机和旧装载机，几乎全部是兔子和蚂蚁个人的财产。

假如这些旧设备"一刀切"报废，那么就意味着兔子和蚂蚁约6700亿人民币（仅仅是挖掘机和装载机）的个人财产的损去。即使环保政策采取了分期分批执行报废，也是其所有者迟早必须要付出的代价。

其次，由于上述设备是其所有者的谋生工具，每台设备的投资合伙人最低为2～3人，即大约326万台的挖掘机和装载机，关联着约650万以上人口的就业机会，并涉及近千万投资人（即合伙人的亲戚、朋友、同事）的投资风险。这样的成本，对全社会而言不可谓不高。

4. 旧设备供应链的成本

由于工程机械制造业的碎片化特征、相关资源配置的社会化特征，旧设备背后不仅是所有者，更有数万家兔子、蚂蚁构成的零配件制造业和供应链。

表15-3所示为国一、国二排放阶段下，存量挖掘机年零配件消耗金额。以旧设备零配件最低消耗量计算，如果旧设备全部确定报废，仅仅是挖掘机为例，相关零配件供应链将至少失去约450亿人民币的年销售额。显然，就全国所有工程机械存量的旧设备，所产生的相关零配件生产和供应的交易量是一个巨大的数值。

表15-3 国一、国二排放下存量挖掘机年零配件消耗金额

分类	国一和国二总量/万台	国一排放阶段			国二排放阶段			合计总年消耗/亿元
		台量/万台	单台零配件年消耗/万元	总年消耗/亿元	台量/万台	单台零配件年消耗/万元	总年消耗/亿元	
大挖掘机	22.2	2.0	5	10.0	20.2	4.5	90.9	100.9
中挖掘机	81.5	7.4	4	29.6	74.1	3.5	259.4	289.0
小挖掘机	44.4	4.0	1.8	7.2	40.4	1.3	52.2	59.7
合计	148.1	13.4	—	46.8	134.7	—	402.8	449.6

这些旧设备的零配件，原来的挖掘机制造厂家已经没有竞争力或者已经放弃了生产和供应，90%以上是兔子、蚂蚁制造和提供的。也就是说，这些旧设备的使用和为它们制造和供应的商业链，形成了相互生存依赖和互利的商业循环体。

5. 旧设备衍生业务的成本

工程机械旧设备有着大量的衍生业务，有二手设备交易、修理和服务等。其中，二手设备交易是工程机械市场的重要环节。以挖掘机和装载机为例，大多数设备在其生命周期中，至少要被交易2～3次。就价值约6700亿的挖掘机和装载机，即使每台旧设备仅再交易一次，以2018年的市场行情下，交易成本为销售价的3%～10%，即可达到200亿～670亿人民币的二手设备市场交易额。

此外，新设备使用三年后的工程机械设备的修理和维护业务，有90%以上是蚂蚁和兔子完成的，而使用十年后设备的修理和维护几乎全部由蚂蚁和兔子提供服务。显然，旧设备全部报废也会使修理和服务业的业务量迅速减少，造成更大的社会成本。

6. 对设备施工成本的影响

如上所述，由于工程机械新旧设备之间存在很大的市场价值差，旧设备报废后，使用工程机械新设备从事施工的成本也会大幅增加。工程机械设备的相

关承包方和施工方的经营成本的大幅提高，这也是环保政策牵扯的社会成本。

四、监管之锤的举落

对于上述数字，不仅观察研究者能从市场现实中推测计算，作为制定环保监管政策的顶层设计者更是一清二楚，并随时影响着监管之锤的举起和落下。

事实上，从国家层面来说，对工程机械环保施加彻底的管控，不仅来自大数据的支撑，更有赖于建立完善的、自上而下的监管结构，类比国家运输车辆管理系统（约3000多个车管所、数万名职工），这需要巨大的资金、人力和时间投入。

与车辆管理相比，工程机械设备所需的停放场地、检测手段和监管技术，都比普通车辆要复杂，在全国范围内投入的土地、检测设备、各类专业人力资源，都需要大量资金。即便是在环保执法中发现违章的工程机械设备，后续所产生的运费和停放费用，将会是一笔每年可能达数百亿人民币的巨额开支。

同时，运输车辆的管理已明确隶属公安部，而工程机械设备环保监管，涉及机械工业、工程建设、环境保护部门，呈现"多头管理"局面，最终将确定隶属于何部门管理，现仍未有定论。在如此复杂环境下的工程机械环保管理，只是靠地方政府的"限用""限退"等短期手段并非长久之计，也很难达到国家整体环保监管的要求和目的。

五、总结与建议

市场的现实数据、监管之锤的举落动向，促使我做出以下总结与建议。

1. 设备报废不等于继续购买

工程机械设备行业的基础购买力，正是碎片化购买力。大量购买者在具备支付能力后，会运用"四个底线"来判断是否有必要购买工程机械设备：只要有能比打工高一点的收入，只要投资回报比银行存款利息收入高，只要将来设备最终是能变现的，只要设备购买后能有活干。

卖掉旧设备、自行报废旧设备和强制报废旧设备，这三者后续的经济行为具有很大的不确定性。设备所有者的动机决定了设备在报废后，其经济行为并不必然是继续购买设备。对被强制报废设备的所有者群体而言，失去积累的财产和谋生的手段后，还有能力和意愿拿出总计几万亿元去购买新设备的可能性是很小的。

2. 发动机报废不等于设备整机报废

环保监管的行为对象在于污染排放，工程设备的污染排放主体是发动机，与其他设备主体并无关系。鉴于发动机的价值只是整机的10%~30%，不论出于经济性还是科学性，因为发动机的排放而报废整体设备都是不合理的。

相比之下，只置换发动机或技术改造发动机，当是更为合理的选择，这样可以保留几千亿人民币的个人设备财产，继续为国家建设出力。

3. 相关环保政策不是为了设备使用成本的提高

中国作为"基建狂魔"名冠全球，其优势之一来自施工设备的利用率高、使用成本低，这凝结了几千万蚂蚁和兔子的智慧和创造力，以充分发挥工程机械设备的潜力。推出相关环保政策，并不是为了提高成本，更不是为了自我消解优势。

4. 对环保政策的建议

环保势在必行，就工程机械设备市场的特殊性，可以积极运用技术手段和市场化方法，以最小代价完成工程机械设备领域的环保大计，延续几千亿人民币个人设备财产的价值。

建议如下。

环保政策可针对相关设备的发动机，即以发动机排放为标准，而不是以设备型号和生产年限为标准。在具体检测中，只要是发动机排放合格，任何年限生产的设备，都应能继续使用，这意味着除发动机外的工程机械设备是否报废和置换，交给市场自行选择。

在此基础上，可以采取市场化的方式对发动机置换或技术改造补贴，这要比建立全国性的环保管理机构更为经济。同时也能刺激国内发动机制造业的繁荣。采用国家补贴发动机技术改造或置换国产发动机，既能彻底完成工程机械设备的环保大计，又能扶植和培育民营和小微企业，延续原有民营和小微企业的财产价值，进一步发挥其创造力，为社会经济提供就业机会和发展动力，一举多赢，利国利民。

此外，国家还可以出台对工程机械旧设备出口的推动政策，并鼓励和推动"一带一路"等施工项目对国内旧设备的出口和租用，以此推动工程机械旧设备的输出再利用。

总之，环保政策并不是单纯的利好或利空，工程机械行业会从中受到何种影响，付出何种代价，应该采取何种选择应对，都值得行业所有人关注和思考。

第十六章

工程机械设备会被
强制报废吗

今天最成功的商品，明天可能最快过时。

——现代管理学之父　彼得·德鲁克

上一章我们讨论了国家环保政策对工程机械行业各环节的冲击和影响。近几年，中华人民共和国生态环境部陆续出台了关于工程机械设备最新的环保具体条例，本章将对此有可能引发的关联影响进行分析和讨论。

当前，各行业推动低碳减排，促进绿色转型已经提上日程，这是国家国民经济发展的一大趋势。毫无疑问，国家制定和修订了一系列环境保护的法律法规、政策和规范性文件，包括许多环保政策实施的具体准则，这对工程机械行业具有很好的规范作用。近几年，整个工程机械行业都在注视着国家环保最新具体政策的出台，下面是生态环境部为非道路移动机械排放标准条例发布的时间。

国一标准：2007年10月1日开始实施

国二标准：2009年10月1日开始实施

国三标准：2016年4月1日开始实施

国四标准：2022年12月1日开始实施

根据生态环境部2020年12月28日正式批准发布的《非道路柴油移动机械污染物排放控制技术要求》：自2022年12月1日起，所有生产、进口和销售的560 kW以下（含560 kW）非道路移动机械及其装用的柴油机应符合该标准要求。

该标准规定了第四阶段非道路柴油移动机械及其装用的柴油机污染物排放控制技术要求，包括挖掘机械、铲土运输机械、起重机械、叉车、压实机械、路面施工与养护机械、混凝土机械、掘进机械、桩工机械、高空作业机械、凿岩机械等。

首先，对工程机械设备的增量市场，即对新设备的制造和销售而言。从以上最新的环保条例要求可以看出，自2022年12月1日开始，不能"生产和销售"不符合国四标准的产品。该政策对所有工程机械制造厂家（大象）的产品环保标准有了具体的规定，将从根本上改变未来增量市场上产品的性质。可以预料，这项政策一旦贯彻执行，在中国市场上，无论是大象还是小象的产品，都是按照这一标准来制造生产的。

其次，对工程机械设备的存量市场而言。从长远来看，对工程机械存量设备环保政策的全面执行也是迟早的事，这点毫无疑义。但是，对当下大约一千多种系列、几千种类型、上万个型号、近一千多万台（套）的存量设备（涉及数万亿人民币的资产），至今并没有明确的环保具体实施规则。由于这些环保条例具体执行规则的不确定性，带来了许多悬念。

任何国家的环保政策对相关产业都有强大的导向影响力。在工程机械行业内，设备存量市场的具体环保政策涉及产业链中所有角色的利益得失。不论是海内外大象、兔子、蚂蚁、狼的商业利益，还是二级市场工程机械股票的波动起伏，尤其是存量设备所有者（终端消费者）的"焦虑"，由于环保政策具体执行方式的不确定性，构成了工程机械行业中一个非常敏感性的话题。

一、存量设备的特殊性

1. 工程机械行业几十年快速发展的历史痕迹

关于"历史"，美国数学家沃尔什说，"历史为我们提供了关于过去的一系列不同的图画，它们并不是互不兼容的。每一幅画，都从某一观点反映了过去的一个方面。"我们知道事物的发展呈现阶段性的特点，是由低级到高级、从简单到复杂的周期性螺旋式上升的过程。工程机械行业的发展正诠释了这一过程。

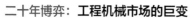

与世界其他的发展中国家一样，在中国经济发展的初期，国内工程机械行业的各类大象、小象，对生产产品的选择都是以市场需求和商业竞争力为先的，环保标准并不是产品生产的首要指标。而且，那时候国家也没有相应的环保条例具体要求，政府对此环保的相关立法也比较晚。

同样的道理，在过去，我国相关环保制度不完善，各类外资品牌大象从海外以贸易方式进口的上千种各类设备，在中国投资生产的各类产品，也不都是以环保的高标准要求为先的。国内的终端客户购买这些相对低标准的设备，也是以中国市场当时的实际需求为准则的。这些都是当时供求双方的需要和市场的选择，都是属于正常的市场经济行为。

但是，工程机械行业这一历史发展过程，致使当下的设备存量市场中有大量的低环保标准，或者说是远远落后于当前环保标准的各种各样的工程机械设备，这无疑成了当下环保治理的大包袱。尽管这些设备曾经为中国的经济快速发展，为"中国基建狂魔"的形成，立下过汗马功劳。

2. 存量设备的规模情况

按照上述非道路移动机械排放标准环保条例分类，发动机功率在560 kW以下（含560 kW）的工程机械设备，几乎覆盖了现有存量的绝大部分工程机械设备。如果以它们当初新设备的采购价，几千种类型的近一千多万台（套）设备，是数万亿人民币的资金规模。

以工程机械最大的存量设备挖掘机为例：官方存量数据约为200万台（套），民间存量数据为约250万台（套），其中涉及环保要求不达标的设备，每种类型的设备究竟有多少，没有见到详细具体的公开统计数据，都是不同角度的估计值。那么，究竟有多少环保要求不达标的设备可能需要报废，我认为，当下也只能是大概百分比的估计值。

3. 存量市场设备所有者的特点

近一千多万台（套）设备，数万亿人民币的规模，相关所有权的从业者约1500万人以上。其中，不足30%的设备为中型规模以上的企业所有，碎片化所有权的约70%，其中约90%为兔子、蚂蚁的财产。比如，挖掘机和装载机及土石方类设备占比为存量设备中最大的，且95%以上的设备产权所有者是兔子、蚂蚁。

二、空前的市场机遇

中国是全球最大的工程机械市场之一。在工程机械的存量设备中，无论按照国三还是国四标准进行存量设备的"报废"，或者是以各种各样的方式退出施工市场，都是几十万乃至上百万台（套）各类型设备的"休克""消失"或"突然死亡"，其最终的结果都会产生巨大的设备增量需求。如此背景下，再加上中国市场本身的需求，包括"一带一路"项目的需要，在中国市场会出现一个行业史上空前的井喷式的市场需求。这个特殊的市场变化，将对冲或根本改变整个中国工程机械行业周期性的规律。

比如，以工程机械设备中最有代表性的挖掘机为例，根据上述环保条例的技术指标，具备发动机功率560kW以下的现有存量挖掘机，涉及绝大部分的各种类型挖掘机设备。随着国一、国二、国三或国四的环保进度的实施，虽然存量挖掘机具体的报废进度至今没有结论，但是涉及环保政策的基本总量规模是可以估计出来的。

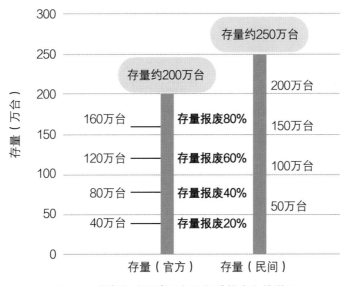

图16-1　挖掘机市场存量与环保政策产生的增量

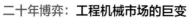
图16-1为挖掘机市场存量与环保政策产生的增量，可以看出，以环保政策涉及的报废量占挖掘机存量的20%～80%推算，报废量为40万～240万台。近二十年来，全国挖掘机平均的年销售量是10万多台，年销售峰值是30万台左右。显然，就挖掘机的市场存量，不论是官方统计还是民间统计数据，不论是从最低的报废量占比20%，还是更高的报废量占比80%，任何方式和比例下的存量挖掘机的报废，或者以各种各样的环保监管方式退出施工市场，都会对挖掘机产生巨大的增量需求。这样一来，将会对冲或根本改变整个中国工程机械行业周期性的规律，这当然也是全世界工程机械各行各业的大象小象们多年来梦寐以求的市场景象（从这个角度思考就会理解，多年来，行业内各种各样的利益相关方或代言人，在呼吁或游说政府有关机构对设备存量市场各种环保政策建议时，体现出的各自商业利益的背景）。

三、对行业股票走向的影响

在前面的章节中讨论过二级资本市场（股票）行业板块的变化：从2018年底至2021年的2月，A股工程机械板块指数，其最高值是最低值的3.8倍，龙头企业三一重工的股票，价格最高值是最低值的7.4倍。显然，工程机械受到金融市场的极度青睐，一直在工程机械默默无闻几十年的辛勤劳动者，创造了第三方在股票市场上"发大财"的机会。

可近两年来工程机械板块大幅跌落，几乎是腰斩。图16-2所示为工程机械股票市场变化。从图中可以看出，从2021年初至2021年底，工程机械A股板块指数下降了近40%，龙头企业三一重工的股价下降了近60%。

未来3～5年的工程机械股票的走向，是否会有更大的反弹攀升，还是继续下跌，都是悬念。但是，工程机械环保政策的具体执行可能会对行业股票的走向有根本性的影响。

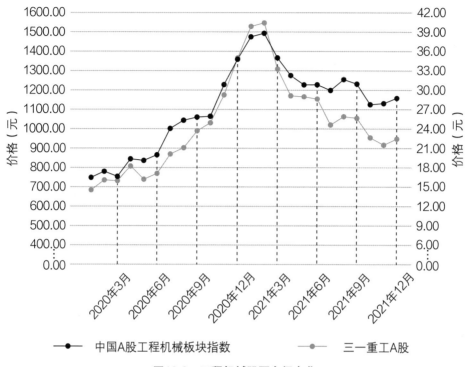

图16-2　工程机械股票市场变化

四、理性看待"强制报废"

毫无疑问，当我们的行业在谈论环保时，越来越多的人倾向于"理性期待"，这种期待表现于对如下问题的回答。

1. 政府相关的补贴有多少

根据国家环保法，这几年各地方政府在处理造纸、化工、食品等行业的污染项目时，都有相应配套的补偿或置换费用。

上一章我们讨论了工程机械设备主要的污染源是发动机系统，那么对发动机置换或技术改造，还是报废设备整机，包括其他配套的环保处理，至今还没有见到类似的工程机械环保补偿条例。今后工程机械的环保处理条例中会不会增加相关的经济补偿条例呢?

2. 相关法律条例的完备

工程机械存量设备的所有权，绝大多数是兔子、蚂蚁的个人财产。显然，工程机械存量设备环保的处置，最终归结到的不仅仅是《环境保护法》的具体细则，而且必然会涉及《物权法》的具体条例。

还有，这些设备的所有权者身份证所在地、设备停放和使用地点大多是三者分离，分散在几百公里或者数千公里之外。当下，就工程机械环保政策的执行，相关各地方政府的职责分工边界模糊不清，最终究竟是隶属哪一级政府部门实施具体管理，现在还没有公开的详细规则。另外，由于工程机械设备的特殊性，在执行这些环保条例过程中会产生较大的执行或管理费用，这些管理成本具体如何分摊，也都需要国家相关法律的具体执行条例出台。

3. 大象们应该如何出血

就全球的环境治理而言，中国政府与发达国家进行了几十年的谈判，达成了"共同但有区别的责任"原则，这一原则的核心是，现有的环境污染和发达国家已获的巨大经济利益有着直接的因果。那么，世界上的发达国家必须为此承担更多的治理责任和经济负担，而不能都由发展中国家来承受当下和今后环境治理的经济负担……

如果这一原则至今还是成立的，那么，工程机械存量设备中这么多环保标准不达标，或者环保标准落后的设备，也都是大象们多年来制造出来的。假如这些设备现在都是环境的"污染源"，也是大象们已经在商业中有巨大经济收益后的遗留物，大象们是否有义务承担一些相应的经济责任？估计在今后的环保具体执行条例中还会有相应的体现。

对应中国机动车行业，国家相关部门发布历次环保规定，明确了汽车由于设计、制造中存在环保缺陷等问题，不符合大气污染物排放标准，或者不符合规定的环境保护耐久性等相关要求的，将被召回。对生产、进口企业已售出的机动车产品，采取措施以消除环保缺陷，国家市场监督管理总局与生态环境部也可责令召回。

参照机动车比较详细的环保到期报废规则，在今后的工程机械环保条例中，对工程机械存量市场中现有环保不达标的设备，大象们各自对曾经生产的产品应该相应承担多少经济责任，很可能也会有具体规定。

4. 兔子、蚂蚁（终端所有者）的承受能力

在中国购买房产的时候，购买合同中会有清晰的产权合法使用年限及最后的产权归属，这些条例会受到国家有关的法律保护。

购买工程机械设备的合同和票据中，厂家并没有对设备涉及的环保周期的具体事项作出规定或承诺。当国家发布设备相关的停用或限制包括报废等环保条例时，全部经济损失的风险和责任由购买者承担。尽管当初购买设备都是消费者个人自由的选择，由购买者自身承担所有风险，符合当下国内一般市场经济规律和国家相关法律条例。但是，从上述环保政策要付出的代价的定量分析来看，全部风险和责任都由购买者来承担，是对兔子、蚂蚁的经济承受能力的巨大挑战。

五、存量与增量：鸡和蛋的关系

买房子（不动产），买股票（证券），买挖掘机（动产），是行业内绝大多数创业者伴随着中国经济发展积累财富的几种方式。如此巨大的工程机械设备存量，其实质是行业内的基层群体（兔子、蚂蚁）多年来的个人财富的积累存量。

工程机械的消费是定向生产资料消费，并不是广义的生活消费品，当下无论工程机械品牌大象们有多少生产能力，即使是世界第一的产能（挖掘机和各类产品也都在向世界第一产能冲刺），最后产品的终端购买者，绝大多数还是来源于本行业内的基层群体。

无论这些存量设备的环保政策如何实施（"休克"或"消失"或者是以各种各样的中国环保监管方式退出施工市场），都有可能导致行业基层购买群体的存量财富大幅缩水或迅速减少，没有了积累的存量财富，无法转变为新的购

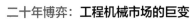

买力，失去了继续扩大再生产的基础，会大大降低对将来增量设备市场的购买力。这些存量设备当下的市场价值，是在万亿人民币以上，这笔巨额资金是近千万基层群体多年的经营和劳动的积累。

六、适逢其时的实施

环境保护是国家的基本国策，工程机械行业走绿色环保制造道路——从以前的单纯追求规模效益的模式向绿色环保、循环利用再制造的方向转变，是行业的大趋势，为此，我国工程机械企业也在做相应的调整。不过，这种调整并不是一蹴而就的，对行业新产品的制造即增量市场，比较容易实现国家的高标准严要求；对于遗留的存量设备问题，也需要分阶段分步骤解决。

中国有句古话：量力而行，相时而动。就全世界发达或发展中国家环保政策的实施经验看，某个行业在市场环境上行时，都易于实施相应的环保条例，并且容易取得预期的结果。环保政策的执行也有阶段性，无论是过早还是过晚，超越社会经济发展阶段的治理目标，显然都是不合时宜的。适逢其时的实施，配合社会经济结构的转型和发展模式的转变，做到与社会经济发展总节奏相适应。

关于上述问题的讨论，再结合上一章关于环保政策的讨论，我们可以更明确地说，就当下中国工程机械市场的实际情况来看，近几年对工程机械存量设备一刀切式的强制报废的环保政策出现的可能性很小。

第六篇

成败沉浮，
何去何从

第十七章

谁会是挖掘机市场竞争的出局者

企业兴盛或衰落、股市繁荣或崩溃、战争与经济萧条，一切都周而复始，但他们似乎总是在人们措手不及的时候来临。

——美国金融史学家　彼得·伯恩斯坦

对于竞争，美国作家克里斯托弗·安德森有清晰的认识："生活的本质就是一系列的竞争，只有胜利者才能脱颖而出。"中国目前是世界上最大的挖掘机市场，也是全球工程机械市场中竞争最为激烈的市场。如何在这一市场中占据优势，避免被淘汰出局，一直是海内外工程机械品牌大象们不断探索的问题。

以工程机械产品中最有代表性的挖掘机为例，2018年至2020年这三年，小挖跌价40%～50%，中挖跌价20%～30%，竞争的深度和广度乃至残酷性均为世界第一，多少中外品牌大象为此"竞折腰"！

2020年底，挖掘机的市场竞争结果已经了然于众。按照如此竞争态势，往后几年都将是更为激烈的竞争。因为接下来在中国市场的竞争已经不仅仅是争个高低和赌个输赢，而是品牌大象（或者是单独的挖掘机品牌）在中国市场的去留和是否出局的竞争。那么，谁可能是挖掘机品牌大象（包括国产品牌和外资品牌）市场竞争的出局者呢？是退出中国市场还是在中国市场被忽略不计或边缘化？又或是被兼并或重新组合呢？接下来我们将详细讨论。

我们可以看到，经过多年的快速发展，中国工程机械制造业的崛起为挖掘机的市场竞争打下广泛的基础，挖掘机的市场竞争涉及整个中国工程机械制造的主机产业链、零配件生产及供应链、后市场的服务系统，还包括了中国基本建设施工企业的形态、挖掘机终端购买客户的选择等，因果繁复，牵扯因素较多。

基于以上考虑，为了清晰明了地说明本章的内容，我将从2020年挖掘机市场竞争的结果，以二十年来挖掘机市场已经发生的竞争事实点为依据，结合我在行业近三十年的观察和思考，推测出在中国挖掘机市场竞争中品牌大象可能出局的四个基本要素，同时就在竞争中可能会被淘汰出局的挖掘机品牌大象展开分析讨论。

一、挖掘机市场的主要竞争点

1. 两极分化的挖掘机市场份额格局

根据我自己的分析方法，当下中国挖掘机市场份额呈现出"两头大，中间小"的格局。根据挖掘机协会2020年1—11月的统计数据，可以对中国挖掘机品牌做如下分类。

头部品牌大象（各自市场份额大于10%）为2家：三一和徐工，其市场份额总共约44%，销售台量为11.5万台。

中间部分品牌大象（各自市场份额大于5%，小于10%）为4家：临工、柳工、卡特彼勒和斗山，其市场份额一共约31%，销售台量为8.2万台。

底部品牌大象（各自市场份额为小于5%），数量竟有19家之多！其市场份额总和为25%左右，销售台量为6.8万台。

所谓两头大中间小，就是头部品牌大象的市场份额总合大，底部的品牌大象的数量大。就底部品牌大象的数量，如果算上官方未统计的其他挖掘机品牌小象（小规模厂家），还会更多一些。图17-1所示为2020年挖掘机市场份额与厂家数量。

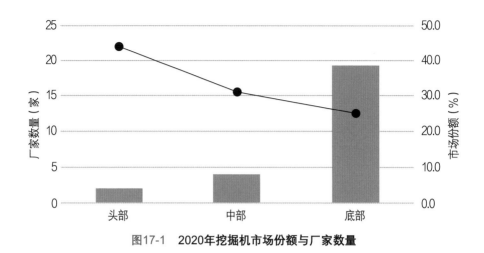

图17-1 2020年挖掘机市场份额与厂家数量

中国挖掘机市场份额分布还表现出"强者恒强，弱者更弱"的两极分化趋势。

众所周知，挖掘机的销售规模决定了一个品牌的成败。市场份额高，销售量大，边际成本就低，降价空间就多。我们从图17-1可以看出市场份额的分布极不平衡，主要特征是：弱肉强食，头部品牌大象利用规模盈利的方式对其他品牌的降维进攻会更加简单粗暴，吸纳市场份额的能力会进一步加强。如此之下，弱者更弱的循环一旦形成，进入底部的大象数量会迅速增加，同时持有市场份额会进一步减少。

比如，即使头部两头大象的市场份额平均只增加5%，一共增加了10%，中部四头大象的市场份额平均只增加3%，一共增加了12%，那么，头部和中部的大象就一共吃掉了市场总额97%（包括原有的75%）。底部的19头大象，不得不竞争剩余3%的市场份额，平均每家的市场份额在0.16%，平均每家的销售量大约为480台（假设市场的总需求与2020年持平为30万台）。如上的量化分析的结论趋势是很清楚的，两极分化，强者更强，弱者更弱。底部的品牌大象们有没有活不下去的呢？

2. 价格战几乎是所有大象的主要销售手段

近几年来，无论国产品牌和外资品牌大象是价格战主动的发起者，还是被动的参与者，不论他们表面上或发自内心对此谴责或抱怨，最后都是全力以赴地投入到价格战中。挖掘机价格战已经成为市场营销的常态，几乎是每个品牌大象市场运作的主要销售手段。他们的价格战主要表现在三个层面：国产品牌与外资品牌的大循环之战、外资品牌大象之间的市场份额竞争和国产中低端品牌大象小象的生存之战。

3. 国产大象给外资大象的压力

在2019年初，我首先提出了对挖掘机以国产品牌和外资品牌（欧美系、日系、韩系）分类的分析方法，并且清晰地预测："三到五年内，外资大象市场份额的总和将低于三分之一是大概率事件。国产大象统治中国市场的绝对优势必然出现，部分的外资大象被挤出中国市场或被边缘化。而后的更长一段时间，类似白色家电的市场分配格局在工程机械领域出现也是大概率事件。"

根据挖掘机协会数据，在2020年1—11月，国产品牌大象挖掘机的市场份额分别是：大挖57.1%，中挖64.2%，小挖77.6%。显然，中国制造业的崛起使得国产挖掘机品牌大象不仅打破了外资品牌一统中国市场的格局，并且使外资品牌大象在中国市场的生存产生了压力，外资品牌大象不得不对在中国市场的去留做出选择。

4. 小挖中外品牌争夺战接近尾声，其价格战将在国产品牌内继续演绎

在我看来，在局部战争下，小挖的价格战已经基本进入尾声，竞争已是定局，外资品牌大象的小挖几乎全面丧失了竞争力。当下，外资品牌大象的小挖系列产品已经是边打边退，将来估计最多是小众需求的市场份额而已。于是，在外资品牌大象面前摆着一个明显的事实，如果他们继续保留小挖产品，将不再是小挖市场份额是否可以胜出的问题，而是小挖的亏损不得不由大挖、中挖的利润来补偿，这将大大削弱外资品牌大象系列产品的竞争力。以我个人之见，对外资品牌大象来说，放弃小挖竞争的拖累，以保持品牌产品整体实力，是明智之举。当然，小挖的价格战还会在国产品牌大象中继续。

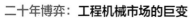

5. 存量较大，产能过剩——残酷的竞争将持续发酵

目前，挖掘机的存量约250万台（包括历年来的进口新旧机）。中国制造业的崛起，挖掘机的大规模工业化生产已经在中国形成。根据行业统计数据，挖掘机的产能已经是60万台以上，尽管2020年挖掘机的销售量才30万台左右，占现有产能的一半。

近年来，从发动机到液压系统，包括特殊结构的材料等，各家品牌大象都有创新和技术进步，降低了挖掘机的制造成本。毫无疑问，过剩的产能和新技术新材料的投入，为挖掘机价格的继续下跌提供了基础空间。

6. 经济型挖掘机的出现

如同第四篇第十三、第十四章所分析结果，种种迹象表明，挖掘机价格多年来的持续下降，并不是短期的市场竞争现象，而是一个较长期的客观规律，并且有其合理性。这种合理性的导向必然是挖掘机品质的改变，而挖掘机品质的改变，又必然导致经济型挖掘机的出现。

经济型挖掘机是我推出的挖掘机品质革命性变化的概念。我试图从经济学理论——关于企业产品的价格规律的科斯猜想为理论基础，结合中国市场挖掘机价格和品质实际变化规律，包括"薛小平猜想"，我对挖掘机价格和品质的理解，分析了经济型挖掘机出现的合理性和必然性。

现在市场已经见到的经济型挖掘机产品，无非有两种类型的产品，一种是以价格战为目的的减配型挖掘机，另一种为以新技术和创新为主导的经济型挖掘机。这两类挖掘机的主要特点是：价格极其低廉，只是厂家原有挖掘机标准产品价格的60%～70%。根据如此规律，经济型挖掘机是中国挖掘机市场竞争中必然出现的"物种"，它将越来越多地出现在市场上，并逐步成为挖掘机市场的主导产品。

二、四个基本竞争要素

中国市场是全球工程机械市场中竞争最为激烈的市场。上述中国挖掘机市场的几个主要竞争要点，都是近二十多年来从设计到制造、从主机到零配件供应链，包括价格战的销售手段和市场竞争实际情况的总结，是客观存在的。因此，在这样的市场竞争环境下，无论是国产品牌还是外资品牌大象，我认为如果符合下列几点基本竞争要素，将有可能面临被淘汰出中国市场的风险。

1."死不降价"的逻辑思维

可以看到，近几年来，几乎没有不降价的挖掘机品牌，"降价"是根据对市场趋势的把握而作出的决定，而所谓的"死不降价"只是因为战略思维的不同。其实质体现在如下两个方面。

首先是对中国工程机械制造业的崛起和对中国基本建设市场的特殊性（包括周期性）的认识的不同，包括对终端客户选择挖掘机产品存在特殊性的认识的差异。比如，某些品牌大象仍然坚持要保持其"贵族身份和血统"，仍然坚信"好女不愁嫁"的性价比原则，并不准备放下身段"下嫁"中国市场，那么，其所体现在中国市场的挖掘机价格战的谋略必然不同，这是各类国产品牌大象尤其是外资品牌大象顶层的思维逻辑不同所致。

其次，长期以来，沉浸在挖掘机曾经在中国市场的丰厚利润的美好回忆和憧憬中不能自拔，所形成的高成本、高利润的经营结构和经营惯性，不能接受挖掘机市场价格下滑的趋势，更无法消化由降低价格和利润所带来的大幅提高的边际成本。这样下去，被淘汰也就无可避免了。正如汪中求在《细节决定成败》中写的那样："企业如果在市场上被淘汰出局，并不是被你的竞争对手淘汰的，一定是被你的用户所抛弃。"

"死不降价"逻辑的核心是：即使有降价空间，也会主动放弃价格竞争。

2. 降价幅度太小，不能保住原有的市场份额

就这几年挖掘机市场竞争的实际情况来看，绝大多数品牌大象为保住自身的市场份额或生存条件，所对应的降价幅度为：小挖降幅为20%～50%，大中挖降价10%～25%。以如此趋势推测，可以说接下来对于每一个品牌大象，如果试图保持自身的身份或市场份额不变，需要在自身产品现有价格的基础上，至少再下降10%～15%，否则难以保持自身的"江湖地位"。

3. 没有推出经济型挖掘机产品

如上所述，存在两种类型的经济型挖掘机产品，其中价格低廉的经济型挖掘机是对品牌大象从技术研发、产品革新、主机供应链、零配件供应链、营销策略等几个方面的挑战。正如企业家黄汉清说的，"只有先声夺人，出奇制胜，不断创造新的体制、新的产品、新的市场和压倒竞争对手的新形势，企业才能立于不败之地。"没有能力对应如此挑战的，同样会面临出局的风险。

4. 产品竞争无力

对于根本没有利润空间再降低挖掘机的价格，更没有能力推出经济型挖掘机新产品的大象，无论是国产品牌还是外资品牌大象，是大概率会出局的。

三、出局者可能是谁

当前，挖掘机市场格局持续深度调整，在行业增长的大背景下，部分企业增长乏力，市场占有率有所下滑。此外，行业品牌大象之间也出现分化，国产品牌大象市场份额整体增长显著，而外资品牌大象市场份额持续下滑。图17-2所示为挖掘机2020年市场占有率比较。

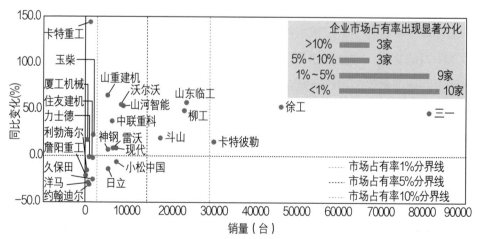

图17-2　挖掘机2020年市场占有率比较

（挖掘机协会数据，中联重科暂无同比数据，按照行业平均涨幅估算）

由图17-2可知，市场份额在5%以下的挖掘机品牌大象有19家，实际上还有许多未纳入协会统计的品牌，数量远远不止19家。而这19家或者更多的未统计品牌大象，现在已经身处市场份额的底部。在未来残酷的市场竞争中，他们将面对头部品牌大象利用强大的规模盈利方式反复打击，其市场份额还会继续减少。如果它们又符合上述四个出局的基本竞争要素，那么无论是外资品牌还是国产品牌大象，都有可能出局。显然，在挖掘机市场竞争中，被淘汰的出局者发生在这19家之中是大概率事件。例如， 2021年11月开始撤出中国挖掘机市场的美国约翰迪尔（John Deere，世界工程机械行业巨头），就在这19家之中。

值得一提的是，以当下的市场格局，在这19家品牌大象中，能够晋升进入市场份额头部位置的可能性几乎为零，进入中部位置也非常困难（除非特殊手段，比如，韩国现代并购斗山）。

在市场经济竞争的环境下，企业的优胜劣汰、关停并转、改换门庭、战略转移等都是正常现象，对挖掘机品牌大象来说也不例外。在中国工程机械市场上挖掘机品牌大象的竞争中，不论是国产品牌与外资品牌的大循环竞争，还是组合与兼并，许多国产品牌小象被大象"杀死"，或改换门庭被"吃掉"，某些外资品牌大象被迫出境，都是非常正常的市场竞争结果。只要市场经济的竞争是充分和完全的，结果就应该是公平的。

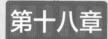

第十八章

谁会是最先倒下的高空作业平台租赁企业

> 一个人无论干什么事，失掉恰当的时节、有利的时机，就会前功尽弃。

——古希腊哲学家　柏拉图

高空作业平台（AWP，Aerial Work Platform）本是工程机械里一个较小的细分行业，可近几年来，AWP设备租赁市场迅速地由"蓝海"变成"红海"，并成为工程机械行业的一个热点。

几年前，我曾对中国AWP设备租赁市场的需求有过预测："租价继续下降，出租率继续下行，是大概率事件。相关AWP租赁企业的盈利能力继续降低也是意料之中，市场竞争将更为激烈"。在第一篇的第四章，我们讨论了相关话题，同时也提出了一个问题："租赁大象（大规模租赁企业）称霸为王之争，有王者就必有败者，谁有可能是第一个倒下的？"

对于这一问题，我将基于当下AWP设备租赁的市场环境，以租赁大象和兔子、蚂蚁（中小微租赁企业）各自的角色为例，就几个AWP设备租赁市场相关的热点话题和租赁价格下降的影响，讨论近几年AWP设备租赁行业可能出现的变局。

一、几个饱受争议的判断

1. 供不应求，还是供大于求

近几年，中国AWP市场需求大量增加，图18-1所示为2016—2020年AWP市场保有量变化（市场公开数据整理）。从2016年到2020年，每年市场销量增速大于60%，从销量增速这一层面来看，AWP市场需求应该是供不应求，至少不是供大于求。

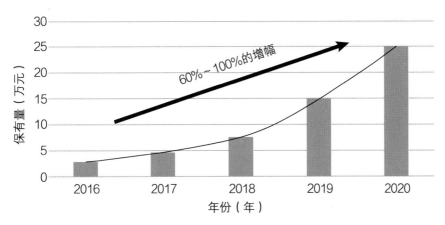

图18-1　2016—2020年AWP市场保有量变化图

可从AWP设备的租赁价格层面来说，从2016年到2020年，AWP设备的租赁价格一路下跌，跌落50%～80%（图18-2、图18-3是常用的两种AWP产品的租赁价格的变化，是我在市场调研时收集的数据）。像这样的租赁价格跌落幅度，在全球同行业中也属罕见。从这一情况来分析，AWP市场的需求又似乎是供大于求，至少不是供不应求。

图18-2　10米剪叉平台租价变化

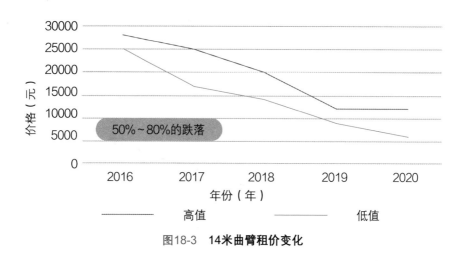

图18-3　14米曲臂租价变化

那么，针对如此冲突的两个趋势，我们不禁要问，AWP市场需求究竟是供不应求，还是供大于求呢？

2. 中国AWP市场需求的增长率变化

对中国AWP市场需求的判断和预测，前几年流行的是以欧美、日本等发达国家的市场保有量、人均保有量、国家经济总GDP为类比的方法，按照这一方法预测中国这几年的AWP保有量已经是百万台以上了。显然，这与中国AWP市场实情有些出入。第一篇四章对此有详细的讨论。

毫无疑问，中国AWP市场的需求肯定是上升的，而且是全世界需求增长最快的市场。假如这几年实际的60%~100%的增长率还可以继续保持，以2020年底AWP市场保有量25万台为基数来测算，两年后AWP市场的保有量至少是60万台。

但如果以其对应的AWP设备租赁价格，以每年20%左右的速度跌落，两年后的AWP设备租赁价格仅仅是当下的60%左右，比2016年的市场价格下降了80%~90%。AWP设备租赁价格跌落如此迅速，它未来的市场需求还有可能继续保持每年60%~100%的增长率吗？

3. AWP市场需求的众说纷纭和异口同声

对于上述的不确定性，众说纷纭，主要有以下这些观点。

① AWP设备租金的大幅跌落，是原来的租金太高了，大幅下跌完全是正常的市场调节现象，不影响AWP市场销售量继续大幅增加……

② 近几年AWP市场保有量的大幅上升，是前几年AWP租金高利润高所推动的，而租金和利润的大幅下降，必然导致AWP市场需求的大幅下降……

③ 中国AWP市场销售量的大幅增加，租金的大幅下跌，都是因为租赁大象称霸为王之争的价格战的恶性循环所致，并不是AWP市场的实情……

④ 在中国，AWP的制造厂家原本只有吉尼、捷尔杰、鼎力和星邦等几家，而如今不仅有更多的海外品牌继续涌入，国内工程机械巨头也纷纷加入，AWP产能以成倍的速度增加，这也使得价格战不断爆发。再加上融资租赁公司的金融杠杆和租赁大象的扩张需要，其综合效应当然是AWP销售量大幅上升，租价大幅下降。

在我看来，AWP市场的供求关系和对市场前景的期望，中外制造厂家、租赁企业的投资者、二级市场股票投资者、租赁大象和兔子、蚂蚁，由于他们的各自利益点不同，对当下市场的认知和将来市场的预期也是不同的。

不过，有一个大家都异口同声承认的事实：AWP设备租赁企业，无论是大象还是兔子、蚂蚁，当前企业的盈利能力都大大下降了，而且是逐年持续降低。为什么会这样呢？对于这一问题，我们后面再分析，先来看看AWP设备规模经营与竞争的特点。

二、AWP规模经营的竞争特点

AWP设备的规模经营是租赁企业能够迅速发展壮大并在商业竞争中制胜的重要手段，近几年来，国内AWP规模经营的竞争特点主要表现在如下几个方面。

1. AWP租赁大象设备规模膨胀的比拼

近几年来，尤其是2020年，国内AWP租赁大象都在设备规模上比拼，根据媒体公开的信息：

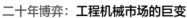

宏信在2020年与鼎力和吉尼签署了年度采购协议，作为行业多年的老大，AWP设备已经突破5万台；

众能联合在2019年两次宣布融资达到15亿人民币，在2020年仍有资本方继续投入，AWP设备已经超过3万台；

华铁在2019年两次宣称融资人民币20亿投资AWP项目，现状约为2.3万台；

徐广联的AWP设备也近1.5万台。

各家租赁大象公开的宣传资料都是以AWP设备的数量规模为自豪，以AWP设备增加的速度为荣。

2. 单一AWP经营规模与利润的非线性关系

边际成本和边际收益是企业规模经营获得利润的重要概念。对工程机械租赁企业来说，持有设备的规模和种类是核心要素之一，就AWP这种单一租赁经营的模式来说更是如此，它涉及国家宏观经济、行业市场环境和企业管理水平，还体现出企业经营者对收益和成本的衡量理念。但是有一点是肯定的，AWP设备规模与利润不是正比关系，设备规模的选择不合适，很可能导致边际利润等于零，租赁企业出现亏损的情况。

3.AWP规模经营全生命周期的低效率

至今为止，全世界的大型工程机械设备租赁公司，包括AWP设备租赁公司，其一般规律都是大规模的综合运营效率不如中小规模租赁企业。以我通过市场调研收集的数据来看，大象租赁公司平均租赁价格和平均出租率要比兔子、蚂蚁低10%～15%，二手机的平均销售价格要低10%～20%，对旧设备的维护成本也要高很多。这是租赁业务的经营属性决定的，全球的设备租赁市场都有如此共性，中国AWP设备租赁市场更是如此。租赁大象的规模优势，只有在多品种多类型设备的组合下，才可能突显。

4. 进和出的规模平衡

"吃得进去，也得拉得出去。"二手机销售是AWP设备租赁公司重要的经营环节，大规模的"进食"，必须有合理规模的"排泄"。否则，烂在肚子里的不良设备都是对现金流的占用，会造成亏损。当下，AWP二手机的国内流动市场和出口贸易尚未成熟，致使AWP二手机成交价低、成交困难，这是租赁大象为维持足够的经营现金流不得不付出的代价。

5. 设备规模集采的比较优势是有限的

设备规模集采是租赁大象的优势之一。一般而言，制造厂家给租赁大象集中购买设备的价格有15%～25%的折扣，使得租赁大象有市场价格75%～85%的设备成本优势。不过，与兔子、蚂蚁的设备成本相比较，这个优势是有限的。

市场上使用了15～20年的AWP设备，其购入成本是新机的15%～30%，设备翻修如新，性能和租价与新设备相差很小。比如上海某租赁公司自有AWP设备近千台，新旧设备平均成本仅是新设备的40%～60%，而在全国有类似这样设备成本结构的租赁兔子不在少数。理论上说，旧机的维护成本比新机高，可中国蚂蚁、兔子最大优势之一，就是极低的维护成本及翻修如新的智慧和技能。相比之下，所谓流行的AWP租赁大象的设备集采的比较优势就被高估了。

6. 租赁规模经营的风险

租赁企业的规模大小和租赁资产的多少，都是判断其竞争力的重要判据之一。扩大规模，增加租赁设备，是绝大多数租赁企业的追求。可租赁企业规模增大，经营风险也必然随之增大。2020年5月22日，美国租车巨头赫兹租车申请破产，股价一路下挫，暴跌超过86%，总市值蒸发24.8亿美元。此时，赫兹租车自身仍然还有56.8万辆租赁车辆和1.24万个经营点。正是如此巨大的经营规模产生了如此巨大风险。大规模的经营风险一旦出现，处理难度更大。对于赫兹租车申请破产，世界各方行家大都认为，赫兹租车的轰然倒塌，实质是数年来家大业大的企业经营不善的积累，疫情仅仅是引发。尽管赫兹租车经过一年多的努力，在付出巨大的代价后，达成企业破产重组，但其带给我们的教训是非常值得反思的。

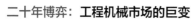

三、退出市场的原因

尽管大象、兔子和蚂蚁的出身背景和现状大不相同，可若是走向退出市场，其特点和步调都差不多，主要表现在以下几个方面。

1. 超低的投资回报

根据2020年的AWP设备租价和出租率，其投资收回期4～6年（新设备），如果以平均值5年来核算，设备再销售的残值率（固定资产的残值占原值的比例）为25%～60%，平均每年的投资回报比为5%～12%。显然，如此市场环境下的AWP设备租赁的净利润是非常有限的。就当下AWP市场竞争的趋势看，未来几年内，AWP设备租赁的利润回报率还会大幅度降低。

2. 现金流断裂

AWP制造厂家融资租赁销售的周期一般是2～4年，若租赁应收款回收困难，AWP设备租赁得"以租养机"，仅仅靠AWP设备租赁收入偿还设备贷款是几乎没有可能的。那么，利用融资租赁方式购买的设备越多，不仅仅是厂家的负债就越大，其设备产生的租赁应收款也越多，若差额大量迅速增加，就有现金流断裂的风险。

3. 设备变现的"慢性自杀"

租赁公司在出现资金短缺，自有资金无法及时补充时，救急的方法多是出售现有设备。如此状态下，大量二手设备的低价急售，大量消耗了经营利润和经营实力。等后续情况缓和，资金和设备又无法迎合新的发展机遇，就只能望着好不容易才遇到的机遇从手中溜走。这种自断后路式的补救方法，无异于慢性自杀。

4. 融资能力不足

当上述各类风险出现时，租赁公司要是没有足够的资金储备，又没有强有力的融资能力，资不抵债和破产关门的风险极大。租赁规模越大，设备越多，需要的救急资金就越多。

美国租车巨头赫兹租车的破产就是如此。赫兹租车在申请破产之时的债务是190亿美元（约合人民币1350亿元），根据当时的欧美行业媒体报道，赫兹租车为清盘变现，当时库存近70万辆二手商用车，需要超低价快速出手，为的就是寻找"救命钱"。

就中国当下市场经济的现状，融资难和储备资金不足，是绝大多数民营企业的经营痛点，这也是当下民营AWP设备租赁企业，尤其是兔子、蚂蚁类的租赁公司，在扩大经营规模和增加租赁设备后，面临的最大经营风险之一。

四、四点猜想

就前所述的国内几个租赁大象的出生背景和行业基础，涉及了金融、国资和上市公司及行业新秀。就企业发展的目的而言，都声称要借AWP租赁市场崛起之势，发展成为中国版的美国联合租赁，或是以增加设备扩大经营规模以寻求AWP租赁行业的霸主地位。至于发展结果如何，行业内许多人有如下几种猜想。

猜想1：大象把兔子、蚂蚁群体逼上绝路？

不少人猜想，在未来的竞争中，AWP设备租赁大象会通过规模经营和残酷的价格战，为换取绝对优势的市场份额，把绝大部分蚂蚁和兔子淘汰出局。众大象因此威严而立瓜分市场，而兔子、蚂蚁纷纷倒下，成为大象成功路上的垫脚石。

我认为，此猜想不可能发生。在当前的AWP市场环境下，尽管残酷的价格战如火如荼地进行着，也有不少数量蚂蚁、兔子"阵亡"了，可这个群体是不会消亡的，最多是群体内部中的个体换了名字而已（就美国和日本设备租赁市场来说，蚂蚁和兔子的市场份额依然是60%～70%）。

猜想2：行业恶性价格战，争王必有一死？

还有人觉得，AWP的四头租赁大象，就规模比拼和商业价格战的规律，有能力、有魄力且可以长期对打价格战的，是实力雄厚的老大老二。大象称霸为王之争，大王和二王之战，难免有一死。

我认为，这一结果不一定会发生。大王和二王都是强者，强者恒强，他们只会进一步压缩其他大象、小象及蚂蚁、兔子的市场份额来壮大自己。

猜想3：老三或老四先出局？

正所谓，城门起火，殃及池鱼。因而有人猜测，大王和二王之战，必然导向行业恶性价格战，AWP设备租赁盈利水平下降，最先退出的却可能是老三或老四。

我认为，羊毛出在猪身上，狗买单，这是现代商业市场的竞争特点之一。老大老二争王，老三老四遭殃。弱肉强食，丛林法则。其实质是老大老二可投入部分能量进行价格战，或者以多品种多类型的设备经营对冲风险，而老三老四却需要拿出绝大部分能量，甚至全部家当去拼命。由此可见，此猜想是大概率会发生的。

猜想4：兔子、蚂蚁的"反扑"？

租赁大象销售二手设备的购入者，一定是兔子、蚂蚁。兔子、蚂蚁得到这些低廉的二手设备，如鱼得水，然后以更低的租赁价格进入市场，使得租赁市场的价格战演变得更加激烈，其结果是大象的盈利能力进一步降低。

我认为，此猜想的发生是有条件的。中国二手AWP市场形成还需要时间。但是，由于残酷的价格战，假如大象称王争霸的败者出现，其结果是短时间内成千上万的二手机进入二手设备市场流转，此猜想也就可能发生了。

五、如何扼住命运的喉咙

中国成百上千家各类AWP大象，兔子、蚂蚁租赁企业，其背景和行业基础，规模和现状，涉及个人、合伙、民营、国资和上市公司及行业新秀，形形色色，各有千秋，较为复杂。

以我之见，将AWP设备的投入方式简单分类为下列三种类型。

· 花别人的钱，为别人办事；

· 花别人的钱，为自己的事业；

·花自己的钱，为自己的生存。

在AWP租赁市场残酷的价格战下，同样恶劣的市场条件，资金和设备投入方式不同，应对方式和努力方向就不同，其结果定然不同。绝大部分蚂蚁、兔子属于最后一种类型，拼死夺命的动力必然是无穷大，其经营效率比租赁大象要高一些。再加上AWP设备的产品属性，兔子、蚂蚁的竞争力仍然是存在的。以我三十多年行业经历之拙见，对兔子、蚂蚁渡过难关有如下建议。

（1）实事求是，虚心和清晰地认知自身的能力和资金的边界，活下来为先，以就业为上，事业次之。

（2）需要足够的耐心等待价格战的"大象争霸"之果。是一头大象阵亡，还是众象俱伤，结果可能就是成千上万台低价的AWP二手设备进入市场。此时不仅是"瓜分大象（二手设备）"的商机，AWP厂家新设备的价格也是低潮之际，这正是兔子、蚂蚁的增加实力和扩张的好机会。

（3）放弃规模的"虚荣"，不要轻易追求"变形和变异"（小蚂蚁变大蚂蚁，蚂蚁变兔子），利润远比规模重要。永远追求利润第一。

企业的大规模经营是其能够迅速发展壮大并在商业竞争中制胜的重要法宝之一。AWP设备租赁的大规模经营，不仅要有雄厚的资金或资源，还需要人才的储备和行业经验的积累。但是，即使这些条件都具备了，还待天时（市场需求），符合地利（中国特色）。无论规模有多大，投入巨资有多少，皆应是"天下熙熙皆为利来"，如若"天下攘攘无利而为"，由行业的先驱变为行业中最先倒下的，相信也是不远了。

第十九章

如何看待中国工程机械市场的繁荣

繁荣的背后都充满着危机。

——华为公司创始人　任正非

1996年作为华为崛起之年而被中国商业史铭记，同样被记住的还有任正非在彼时的冷静话语："繁荣的背后都充满着危机。这个危机不是繁荣本身的必然特性，而是处在繁荣包围中的人的意识。"正是异常敏锐的危机感，让华为公司的大脑保持着对体外刺激的独特敏感性，并促使其躯体保持着警醒和临界状态，随之呈现出人们寄希望于大企业内不断延续的独特活力。毫不夸张地说，正是危机感使华为不断壮大。

一家企业有其成长规律，一个行业亦然。从宏观角度观察，任何行业的变化最终都会呈现出清晰的螺旋上升图形，即危机产生、消除、再现的渐进循环，所谓的行业繁荣阶段并非天赐之福，而是其必然经历的历史。今天，当我们面对正值盛世的中国工程机械市场，目睹这繁花似锦、烈火烹油，也同样有理由自问：繁荣盛世将持续多久，又将如何演变？

行业内响起了越来越多关注这一问题的声音，相应观点甚至直接影响二级资本市场。为回答这个问题，我将以工程机械中最有代表性的挖掘机市场为例，进行抛砖引玉的讨论。

一、挖掘机行业的繁荣盛世

2020年，国际国内环境的迅速变化，巨大的市场规模效应，推动"双循环"的刚性需求……种种因素合力铸造了中国挖掘机行业的繁荣盛世。

图19-1所示为挖掘机市场销售量变化。由图可知，2020年，中国市场挖掘机国内销售量是29.3万台，约为2015年的6倍。2021年，中国工程机械工业协会对26家挖掘机制造企业统计：2021年1—3月，共销售挖掘机126941台，同比增长85%，其中国内同比增长85.3%，出口同比增长81.9%。

突如其来的惊喜，是行业内外绝大多数人未能预料到的。

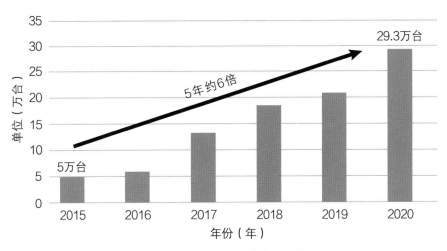

图19-1 **挖掘机市场销售量变化**

类似的"意外"惊喜还发生在挖掘机的后市场领域。所谓挖掘机后市场，是指挖掘机销售后，围绕其使用生命周期中的各种产品和服务，涵盖了挖掘机所有者的一切相关需求，包括零配件、保养、维修、改装、油品、培训等。鉴于我国挖掘机保有量的持续增长、产品销售数量的不断增加，挖掘机后市场也面临着重要的发展机遇。据统计，如图19-2所示，我国市场上挖掘机的存量已然超过250万台（包括历年内进口的二手机），约达到十年前的2.5倍。如此巨大的存量，不仅是当下繁荣市场所贡献出的硕果，也衍生创造出数千亿元的后市场需求规模，挖掘机后市场盛世的到来，指日可待。

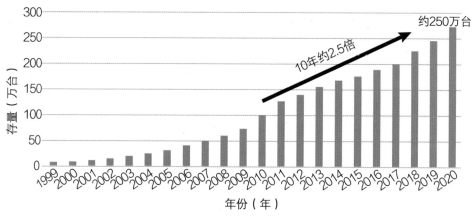

图19-2　**挖掘机市场存量变化**

二级资本市场同样敏锐地捕捉并反映出上述变化。尽管二级市场并不是经济学家所说的完全市场，但作为有效市场，同一时间段内不同行业所处的经济环境、运营情况、竞争风险是迥然不同的，这些因素的变动会直接导致二级市场上相关股票的对应变化。如图19-3所示，近三年来，中国A股市场内工程机械板块指数一路飙升，2021年的最高值是2018年最低值的3.8倍。其中，国内行业龙头三一重工的股票价格在2021年的最高值是2018年最低值的7.4倍。

市场不相信眼泪，但市场也从不吝啬表扬。在二级资本市场上，工程机械曾由于其传统行业的低调身份而长期默默无闻，但近几年来，凡是持续参与工程机械板块股票的投资者，都有不同程度的斩获，财富效应带来的连锁反应，吸引了更多参与其中的投资者，市场也因此有了更积极的股价表现。这一蒸蒸日上的好运图景，也真实地说明工程机械设备市场由于自身的绩优表现，也受到资本力量的一致青睐。

图19-3　**工程机械股票市场变化**

总之，种种迹象表明，我国工程机械行业从制造、销售到后市场，一直到金融股票市场，跨入了全面的繁荣盛世，这是绝大多数人未能预料的。

我们可以未曾预料到繁荣，但面对繁荣之时，我们必须要更为理性。

二、行业繁荣下的理性思考

一个行业很大程度上要在建立了健康的产业生态之后，才会产生具有繁荣发展态势的产业市场，从而获得强大的影响力和生命力。

毫无疑问，挖掘机市场的风口继续增大，行业繁荣的景象得以延续。但行业内各层次相关者尤其是后市场的数千万从业者，此时最紧迫的事并非欣赏这一美好，而是理性思考与产业生态息息相关的问题：

- 行业越繁荣，是不是赚钱就越来越容易了？
- 行业越繁荣，会不会赚钱越来越难了？
- 利润率越来越低，究竟是行业的繁荣还是行业的衰落？
- 利润持续降低到什么程度，就会导致行业的繁荣昌盛的终结？

• 中国工程机械行业是成长性为上，还是周期性为先？

在这些问题中，利润因其至关重要而格外显眼，并成为解答所有问题的关键钥匙。尽管利润不是企业经营的唯一目标，但却是最重要的目标，也是企业生存发展的最根本基础。工程机械设备行业的参与者唯有实现利润最大化，才能有效地使用自身资源，实现整个市场内资源的最佳配置。

为此，我将首先从行业利润相关的事实着手，探索行业繁荣图景下的秘密。

三、行业利润全面下降的事实

越是传统且存续时间越长久的行业，行业内同级别企业的利润水平就越相似。行业发展时间越长，则经营的业务就越成熟，相关生产技术也越稳定，竞争对手之间鲜有秘密，行业整体利润水平就相似而稳定。观察近年来挖掘机市场价格发展态势，必须承认，整体的繁荣进步与个体利润的持续下降，正同步发生在行业内包括整机、零配件、租赁、代理商等各个层面。

在营销组合工具中，价格是能带来收入的因素，也是企业将产品向货币转化的关键环节。正如同美国沃顿商学院的一项研究表明：如果一家企业将销量提升1%而不改变其他因素，其盈利能力平均可以提升2.45%。但如果提升的不是销量，而是价格，却能将盈利能力提升10.29%。与扩大销量不同，价格变化与成本无关，而是直接体现在利润上。

同理可知，当企业降低产品价格时，也并未降低成本，仅仅是降低了单位产品利润，就会降低企业的总利润率。

1. 整机价格的下降

近十年来，挖掘机产品的价格一直在跌落（见图10-1、图10-2和图12-1），小挖的价格跌落幅度30%～50%，中挖和大挖的价格跌落幅度20%～30%。从当下市场竞争局面看，挖掘机产品的价格还会进一步降低。

2. 零配件价格的下降

价格下降的不只是挖掘机整机，同样包括零配件。近十年来，作为挖掘机后市场供应链提供的最主要内容，挖掘机零配件的价格也始终处于下降空间，平均下降幅度在30%～80%。

3. 租赁价格的下降

近二十年来，挖掘机的使用价值也一直在降低（见图10-3），尽管挖掘机的燃油费、人工费等成本始终在增加，即使考虑到通货膨胀的影响，挖掘机的租赁价格依然不涨反跌，下跌了约50%。

4. 二手机流通的利润下降

产品价格的持续下降，必然会从生产源头不断延伸，最终影响服务利润。在挖掘机商业链中，二手机流通环节向来被视为利润的"肥沃之地"，其单次交易中介利润通常为销售价的2%～5%。但近一两年来，其利润开始下降到单次销售价的0.05%～1%。

5. 代理商利润率的下降

有着相似感受的还包括挖掘机代理商。近几年来，代理商的利润也在大幅下降，根据"匠客工程机械"提供的2021年调研报告：代理商群体的平均毛利率是8.7%，最高为16.8%，而平均净利润是0.7%，最低的平均利润率为－22.2%。相比前几年的利润率，这显然大打折扣。

一方面是行业整体繁荣，产品销售数量迅速增加；另一方面则是价格和利润的持续下跌。这两种明显背离的行业发展态势，需要我们对其复杂的关系做出更为深刻的思考。

四、市场的繁荣降低了行业的利润率

与朴素认知相反的是，行业繁荣并不意味着身处其中的人都能盆满钵满，恰恰相反，行业越是繁荣，蛋糕越大，参与分蛋糕的人越多，个体分到的利润可能越低。

经济学之父亚当·斯密在《国富论》里写道："利润率不像地租和工资那样，随社会的繁荣而上升，随社会的衰退而下降。相反地，利润率很自然在富国低，在穷国高，而在最迅速地走向没落的国家中最高。"马克思政治经济学的平均利润率下降规律理论同样认为，社会生产技术水平不断进步带来的社会资本有机构成提高，会导致社会利润率水平呈下降趋势。机器替代劳动的技术进步会提高资本有机构成与劳动生产率，在剩余价值率不变的情况下平均利润率会下降。然而，劳动生产率提高会使生产资料变得便宜。

利润降低，并非行业衰退的结果，恰恰相反，是行业繁荣的必然结果。我认为，如此市场情景的出现，经历了如下几个发展演变过程。

1. 市场初期的丰厚利润

在我国挖掘机行业萌发的初始，缺乏充分竞争的市场导致利润高度集中，在行业一些细分领域如零配件的供应甚至是暴利。挖掘机行业获利远高于工程机械行业的平均利润，也远高于中国传统机械制造行业的平均利润。

2. 资本投入形成的大规模工业化生产

如此高额利润，必然会吸引各方资本的投入，十几年来，几乎所有在中国的挖掘机品牌大象都增加了生产规模，这一潮流的进展有中国制造业崛起的大背景加持，伴随着劳动生产率提高和大规模工业化生产。中国的挖掘机产能一直在持续增加，到2020年已经形成了挖掘机60万台以上的产能，为世界之最。

3. 行业商业链的高利润

挖掘机产业市场初期的利润丰厚，其供应链也必然是高利润，进入商业链的群体也随之增多。从前端市场的制造厂家、代理商、市场营销、金融服务，到后市场的服务链、挖掘机操作手、二手机中介服务……十几年前，所有从业者不过数万人，如今已达几百万人。挖掘机市场的空前繁荣，曾为每一个参与者带去丰厚的利润，但随着从业群体参与者的暴增，平均利润的下跌已是不可逆转的趋势。

4. 生产因素涌入对行业利润的稀释

随着中国挖掘机市场需求迅速增加，进入行业的大资本、新技术和从业群体等生产因素越来越多。同时，由于已经进入挖掘机行业的各方都获得了非常好的收益，反过来又刺激更多的生产因素大量跟进，这些基本生产要素的正向反馈的循环，促使挖掘机产品越来越先进，行业运行效率越来越高，导致市场越繁荣，竞争也随之变得更加激烈，尤其是更多的资本加入，竞争愈发白热化。价格战的出现和总利润的稀释，就成为必然的结果。

可以断言：挖掘机行业局部的高利润必然向本行业的平均利润率下滑，而挖掘机行业的高利润率也注定向中国机械制造行业的平均利润率对标。

五、金融资本和互联网技术进一步稀释行业利润

2019年以来，挖掘机行业的利润率不仅在持续下降，而且被稀释的速度还在不断加快，其主要因素有金融资本的继续加持和产业互联网技术两大方面。

1. 资本的正面影响与稀释行业利润效应

作为世人眼中的双刃剑，资本对挖掘机产业的影响中既有正面作用，也带来了对利润的无情稀释。

在我国，工程机械市场每年约有数千亿（2020年约为七千亿）的新机销售量，形成数万亿的后市场规模，行业规模越来越大。即使行业内平均利润率在下降，但行业整体的商业模式和盈利预期，对金融模式而言仍有强大吸引力。无论是挖掘机外资品牌大象还是国产品牌大象，背后都有金融资本乃至国家资本的鼎力支持，这是行业技术进步和规模生产的重要基石，促进了行业的繁荣。

随着货币池的扩张，资本对挖掘机行业的渗透也在逐步深入，从厂家产品制造、市场营销手段，延续到后市场。主要体现在如下几点。

① 继续大幅度提升生产能力，以规模制胜。

② 有充足资金去技术创新驱动，进一步降低制造成本。

③ 国产品牌大象走向全球市场的金融支持。

④ 供应链、营销和后市场商业模式创新的金融支持。

挖掘机行业在以上影响下产生的繁荣，无疑吸引了更多的资本投入，推动行业进一步繁荣，随即带来了行业各个环节的竞争加剧和利润稀释。例如，在挖掘机市场营销环节竞争中，高杠杆的融资租赁销售导致价格战火愈燃愈烈，恶性竞争"火上加油"，流通环节利润随之减少，资本的力量可谓是"罪魁祸首"。

后市场领域的情形同样如此。2020年高空作业平台租赁市场涌入几十亿人民币的融资资本，是整体行业全年购买力的60%以上。高空作业平台租赁市场由此迅速繁荣，全行业平均利润率也同时大幅下降。

2. 产业互联网的"趁火打劫"

在各个传统行业内，产业互联网的战略目标，正是聚焦于行业垂直产业链的运行成本与交易效率，通过建立数字化技术支撑下的产业供应链，这个过程也会发生在工程机械行业。在现代工业中，工程机械行业的数据化程度相对比较落后，当下高达数万亿的市场内碎片化所呈现出的部分"无序和紊乱"，形成了产业互联网最喜好和最擅长的空白战略图纸，为其有效地运用先进技术来实现降维打击提供了良机。

这几年，几乎每个品牌大象都建立了自己的互联网商业平台，尤其是几个国产品牌头部大象都投入巨额资金建立从整机销售到零配件供应的平台服务渠道。除此之外，工程机械行业也出现了许多平台化的互联网公司，不仅有一些资本扶植的大型互联网平台，还有许多中小型规模的民营企业平台。不论是大象级别规模的平台，还是兔子级别的中小平台，它们的经营目标都是"清除和消灭"原有产业链中所有多余交易环节。毫无疑问，从整机销售到零配件供应，包括设备租赁等各种业务平台化的出现，它们流量变现和"广种薄收"的商业模式，又无情地导致工程机械行业商业链中平均利润进一步被稀释。

六、行业繁荣面对的不确定性

认清利润下降和行业繁荣同步之间的必然联系，是我们洞察行业发展环境变化的第一步。通常而言，企业家习惯将主要精力放在对现有业务的管理上，然而，对外部不确定性的认知和理解，或许更适用于今天的国内挖掘机市场。因为在不断变化的商业环境中，成功生存和发展的基础不是建立在运气上，而是建立在洞察力、敏感性和改变自身的执行能力上。

诸多迹象表明，挖掘机市场的繁荣前景中还存在以下不确定性。

1. 全球行业环境的不确定性

2020年，全球挖掘机市场需求不足70万台，中国市场的销售量占了近一半（包括出口32万台），中国挖掘机产能已达到60万台之多并仍在继续增长。从产能平衡观点来分析，我国挖掘机产业走向世界，需要"吃掉"几乎全球挖掘机市场的全部需求份额。诚然，中国挖掘机品牌和世界品牌在中国市场的竞争胜负，已然没有悬念。但国产品牌走向海外，将是对全世界同行的挑战。海外工程机械的同行企业早已虎视眈眈，严以待阵，尽可能想要保住各自手中的蛋糕，更加激烈的竞争不是在国内本土，而是在海外市场。海外市场竞争结果的不确定性，毫无疑问会反过来对中国工程机械行业的继续繁荣有直接影响。

2. 国内市场周期性或成长性的不确定性

接下来的中国工程机械市场究竟是周期性为先，还是成长性为先，仍有很大的不确定性。然而，不确定性带来的并不一定是负面影响。至今，不少世界知名相关工程机械行业研究都认为，2021—2023年将是中国工程机械市场跌落的下行周期。显然，这是根据全球行业周期性一般规律研究的结果。但多年来，中国工程机械市场都是凭借自身运转规律的特殊性而繁荣，并不是与世界工程机械发展规律的一般性完全吻合。正是这份在世界眼中看来的独特"不确定性"，让我们也有理由相信，不论全球工程机械行业市场上行或下行，中国工程机械市场也有可能一枝独秀，将行业成长周期凌驾于经济周期，继续再繁荣好几年。

3. 金融资本"态度"的不确定性

据融资租赁行业研究报告，2018—2020年我国融资租赁业务总量，每年有65000亿～66000亿，其中7%～10%是为工程机械设备服务的，这表明每年有数千亿资金进入了工程机械市场。然而，从2020年至2021年的Q1分析，融资金额并没有上升反而开始下滑。显然，融资资本已经感受到融资租赁销售导致的债权风险。与此类似，进入制造产业的各类金融资本，尤其是进入股票市场的金融资本，在发现工程机械市场出现波动时，是否会对工程机械行业"忠贞不渝"，是否会继续增加投资，都具有不确定性，其选择结果也将直接影响着行业的繁荣。

七、突破和创新

在不确定性中寻找可能的确定性，是本章的重要任务。结合前述事实，我们有理由推导出未来国内以挖掘机为代表的工程机械市场走向。

更重要的是，随着行业高利润时代的终结，就原有的产业结构，即使是继续繁荣，也是中低端产品盛行和微利时代的到来。行业环境对企业提出新的考验，企业必须基于变化，清醒认知新的竞争特征，并思考如何参与繁荣，如何成为下一个十年的弄潮儿。

1. 打破传统思维的局限性

中国工程机械行业究竟是成长性为先，还是周期性为先？答案可谓众说纷纭，但大多都是基于行业传统思维逻辑的判断。有一个不容否认的事实是：全球工程机械的大象们，无不历经全球行业数次周期性的磨难，身经百战并因此称雄世界。尽管如此，在中国这个世界最大的工程机械市场竞争中，甚至连全球行业老大美国卡特彼勒，使尽了"浑身解数"也当不上中国行业老大，反而在向排行老四老五跌落。全球行业老二的日本小松，在中国市场已经成为"被遗忘的角落"，市场份额滑向边缘，其市场影响可以忽略不计。如果仅按照全球行业几十年来流行的传统思维逻辑，这些现象都是根本不可能在中国市场发生的。显然，行业传统思维，起码在对中国市场未来的判断中，有着巨大的局限性。同样，如何突破当下低利润繁荣的市场架构，避免跌入中低端产品的残酷竞争，企业想要成为新时代的弄潮儿，必须打破传统的行业思维逻辑，建立新的思维模式。

2. 新技术新材料的应用

参照其他传统行业的现代化过程看，未来工程机械行业的发展方向是电动化、智能化，而达到如此目标的颠覆性、引领性的手段是新技术、新材料的应用，促进工程机械设备全方位地结构功能一体化、材料器件一体化、功能复合化等领域的革命性改变。这对于工程机械行业的传统产业技术提升和产品更新换代具有重要作用，也是增强产业链、供应链的关键。

比如，新能源成为全球性趋势时，工程机械的非道路发动机同样面临挑战，随着电池能量密度的增加和成本的下降，纯电动、油电混合动力、氢动力等新技术迟早会进入工程机械发动机产业链。就是当下工程机械设备对国家环保要求的达标，柴油机节能减排的根本出路也一定是在新技术和新材料的应用。工程机械产业未来的智能化，也一定是由产品的智能，拓展到制造、管理、营销、服务和供应链等多方面的智能化。随着电动化、智能化，新产品逐渐成熟，生产成本的不断降低，电动智能的工程机械设备为行业带来崭新的面貌。当下，行业海外巨头包括国产品牌大象都对挖掘机的电动化、智能化的研发投入资金，并为此精心布局，这都是看到了下一步行业的发展方向。未来的市场空间将非常广阔。

3. 产业互联网下的新事物

当前，中国社会发展已经进入到互联网下半场——产业互联网时代，不论是外资品牌大象还是国内品牌大象都在借助资本的力量，聚集互联网优秀人才，投入产业互联网。同样，其他社会资本也不会放过工程机械行业数字化过程的商机，获取丰厚的回报。

由于我国产业互联网在技术上的先进性和开放性，社会资本和各类优秀人才和新技术的参与度更高，基于制造业与大数据的结合、资本与物联网的结合、制造业向服务业的转移，中国工程机械行业的各组成板块内迟早会出现社会化企业的独角兽，做出更多的颠覆行为。

我认为，工程机械包括挖掘机行业的进一步繁荣，摆脱装载机式的中低端产品微利下的繁荣陷阱，离不开新技术、新材料的应用和产业互联网下诞生的新事物，谁能最先把握机会运用好它们，谁就会是下一个十年的弄潮儿。

中国工程机械市场的繁荣还能持续多久？从上述内容看得出，这并不是一个简单可以得出的结论。显然，这取决于人们判断市场繁荣的实质究竟是什么。当然，我并非对行业做出宿命论似的预测，也并非追求观点的对错和形式上的严密，而是试图从不同角度提出繁荣与利润、当下和未来所构成的矛盾，并试图分析矛盾将如何转化与解决，希望能给行业相关者有价值的参考。

如今，一方面是充满不确定性的世界，另一方面是中国制造业立志要奋发走向世界。在漫长的征途中，小概率事件时有发生。尽管本书引用亚当·斯密和马克思哲学理论分析这一过程，可能有不妥之处，但我仍衷心期盼中国工程机械行业的盛世繁荣，能穿越世界经济发展周期，能在如此传统的行业里横空出世，领军前行。我期盼这些事件将是不确定中的确定，而这也将是中国工程机械行业的最大福报。

第二十章

挖掘机市场的"陷阱"：
微利下中低端产品的盛行或繁荣

在大市场上进行的经济交换，其市场价格决定于最后买主的评价。

——经济学家　庞巴维克

在上一章中，我们讨论了中国工程机械行业持续繁荣的趋势，其中预测了发展的可能性之一是微利下的中低端产品的盛行或繁荣。2022年以来，国内挖掘机市场不仅在旺季不旺，而且需求同比大幅下降近60%，这是二十年来从来没有出现过的。我认为，虽然这一现象有许多外在因素的影响，但是也离不开挖掘机行业自身发展的趋势——微利下中低端产品的盛行或繁荣。这一市场趋势正在向我们走来。

一、装载机的前车之鉴

工程机械产品的"微利下中低端产品的盛行或繁荣"在行业中有不少先例，装载机就是非常典型案例之一。

1. 格局的演变

2011年中国装载机销售约26万台，占据了全世界装载机市场 2/3 以上的份额，可谓空前繁荣。而十几年的价格战和行业内卷，装载机行业一直呈现着中低端产品盛行，自上而下的微利。中国装载机价格之低，利润之薄，也是全球罕见。这几年，即使装载机销售规模有所增加，依然未改微利下中低端产品的繁荣局面。这一现象，已是行业内人人皆知的"常识"。

2. 高端装载机的全军覆没

值得注意的是，十几年来，行业里的几个世界巨头（卡特、小松、沃尔沃等）都曾经在中国投入重资，以独资或合资等方式生产了相对高端的装载机。不过，遗憾的是，这些产品在中国市场最终还是被"中低端产品的繁荣"打得全军覆没，无一例外，全部退出了中国市场！十几年来，不论是外资品牌还是国产品牌大象，再也没有听说过他们对高端装载机产品的研发和生产，似乎已是无人问津。

二、挖掘机的市场基础

中国已经是挖掘机制造和保有量的世界之最，到2020年，产能60万多台，保有量250万台以上。2020年和2021年销售量分别是34.2万台和32.7万台，而全世界的每年市场需求不足70万台。同样，空前的繁荣伴随着挖掘机价格多年来持续性大幅跌落。前鉴不远，挖掘机行业将来是否也会进入类似装载机这样的繁荣状态，值得我们探究。就近几年挖掘机市场实情，我个人认为，挖掘机行业的进一步发展很可能是中低端产品盛行或繁荣和微利销售的特征。

1. 价格战和内卷

"微利下中低端产品盛行或繁荣"离不开残酷的价格战和令人惧怕的内卷。价格战导致行业利润率降低，倒逼行业在每一个环节进行"相互残杀"。即使是品牌大象内部战略选择时，也会尽可能去除多余环节，包括对狼（代理商）的"挤压"和政策的"异变"。这种长期的价格战和反复的内卷，从行业的自上到下始，又自下而上终。从整机和零配件销售、售后服务、应收账款、人员工资等一直扩散到全行业的各个层面。价格战和内卷都是行业内自己的选择，也可以说是自食其果了。

2. 终端客户对产品价值取向的改变

价格战和内卷潜移默化地对行业中下游和末端的客户进行了"洗脑"，改变了他们对产品的价值取向，使其"价值判断退化"，弱化了对产品的价值追求，而"价格为王"的习惯思维却越来越根深蒂固。即使市场规模仍然在持续增长，价值型的高端用户却大大减少，而中低端产品将成为市场需求主流，其用户群体占比快速扩大。

3. 相关产业链的影响

一台挖掘机有上万个零配件，其上下游商业链关联着几千家的企业。中国有句老话："好马配好鞍，好船配好帆。"反过来看，既然行业源头的整机产品是微利下的中低端盛行或繁荣，那么，它的零配件的上下游供应链，有可能会出现高端产品、高利润的产业生态吗？

4. 建筑施工市场低利润的现实

挖掘机主要是为基本建设服务的，建筑施工市场的低利润，上下游之间竞相压价，再加上工程款到账时间的问题，"上游没水，下游干"。挖掘机使用价值也因此大幅度贬值，这对挖掘机产品的价格和品质有直接的影响。这也是中低端挖掘机产品，或者说经济型挖掘机需求盛行的重要市场基础之一。

此外，我认为，不论装载机还是挖掘机，微利下中低端产品盛行或繁荣，不仅是因为中国工程机械行业的特殊性，还有背后深刻的经济学规律。在本书的第十章，用"科斯猜想"的企业产品价格规律解释工程机械价格的具体规律现象，我"照虎画猫"提出了所谓的工程机械设备的"薛小平猜想"。这一猜想，也可以解释挖掘机微利下中低端产品繁荣的内在经济规律。

三、三一徐工及卡特彼勒的风向标

近来，三一集团梁稳根董事长提出："打造核心能力，为三一的数字化、智能化转型而继续努力。"徐工王民董事长更是明确表示："在高端市场，只有赢得了国际高端市场竞争，受到高端客户的信赖，才真正称得上是一家品牌卓著的世界一流企业。"

这些言论，不仅表明在工程机械市场磨砺数十年的行业代表为行业下一步的发展指明了方向，从另一个角度看，也证明了行业现阶段的状态和高端产品的缺失。

近百年来，行业老大卡特彼勒的所作所为一直是行业内的风向标。在2020年末，它在中国市场隆重推出GX系列挖掘机，其技术参数的改变和出乎意料的低售价，与其一直追求高品质、高价格的高端产品的风格大相径庭。图20-1为中国挖掘机（20吨）市场价格分布规律图。

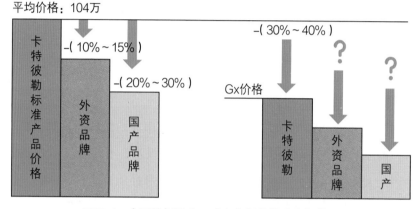

图20-1　中国挖掘机（20吨）市场价格分布规律图

《定价圣经》一书中引用了斯沃琪、诺基亚、微软、通用汽车、柯达胶卷、葛兰素制药厂等诸多全球知名企业的定价案例，其重要的判据是："提高1%的价格可使净利润增加12%。"那么以此反向推论，降低1%的价格，净利润又会降低多少呢？

上述同样吨位的挖掘机，价格以30%～40%大幅下降，利润又能剩多少呢？行业老大为什么在中国市场不再坚持它的高品质、高价格的高端产品战略呢？我认为，这绝不是他们的权宜之计，其背后深层市场战略选择之因正是：中国挖掘机市场微利下中低端产品的盛行或繁荣。

四、期待产业革命出现

挖掘机行业微利下中低端产品的盛行或繁荣的"陷阱"，是行业基础生产要素长期变化积累的结果，也是"薛小平猜想"预测的现象之一。它的形成需要十几年，可如果要跳出这一"陷阱"，估计需要的时间更长。我们可以看到，装载机形成这一情景已经十几年了，也经过了几个行业周期的冲击，它现在有根本的变化吗？那么，跳出这个"陷阱"还需要多长时间呢？

在挖掘机微利下中低端产品的盛行或繁荣的市场形态下，不论是大象与狼还是兔子、蚂蚁，所有投入资本的边际利润率都会下降。就原有挖掘机的产业结构而言，行业高利润时代的彻底终结，即使是挖掘机行业再继续繁荣几年，也是在微利下中低端产品繁荣的"陷阱"里继续打圈圈。

要想从根本上改变这一现象，期待产业革命的出现。未来挖掘机行业的发展方向是电动化、智能化。达到如此目标的颠覆性、引领性的手段是新技术新材料的应用，由产品的智能拓展到制造、管理、营销、服务和供应链形成新的商业模式，为行业带来革命性的改变，这也是挖掘机行业走出微利下中低端产品的困境最根本的基础。

显然，产业革命和新思维的形成、新材料新技术的应用、产业互联网商业模式的成熟都需要时间，而且它们的试错率也并不低。我认为，挖掘机微利下中低端产品的盛行或繁荣这个"陷阱"，还会在中国市场持续很长时间。

第二十一章

兔子、蚂蚁的出路和选择

我们不能自由地选择成功，但我们可以用自己的智慧自由地选择通向成功的正确道路。

——美国钢铁企业家　卡耐基

经过前几章的讨论，我们知道了工程机械市场的碎片化和相对资源配置的社会化，大象、狼、蚂蚁、兔子之间在市场中相互依托，共同分担着对市场的服务和获得相应的利润。兔子、蚂蚁是工程机械行业中最基础的群体，正所谓"春江水暖鸭先知"，任何国家宏观政策的变化与行业市场的动态，都是最先在兔子和蚂蚁群体中得到体现，他们的命运也必然随着市场的繁荣和激烈竞争而跌宕起伏。

一、昔日的好风光

想当初，工程机械行业内，造设备的，卖设备的，买设备的，造零配件的，卖零配件的，设备租赁的，包括做股票的和融资租赁服务的，个个都"钱"途无限。就是一个小小的二手机中介蚂蚁，一年都有几百万甚至上千万的纯利润。那段时间，只要沾上工程机械的都能财源滚滚。因此，行业内各种各样的兔子、蚂蚁都赚到了钱，有的甚至是暴利。

我认为，这样轻而易举就能获取丰厚利润的好日子，除了兔子、蚂蚁自身的辛勤劳动外，还有更为重要的是来自客观市场的需求。

这一需求，得益于国家基本建设的连年增长，使得工程量急剧释放，对工程机械设备产生巨大需求，相关的设备和零件包括各种服务都因此供不应求。此外，在工程机械市场的初始阶段，由于市场缺乏充分竞争，导致利润高度集中，行业内一些细分领域，如零配件等供应利润甚高。这两个风口的叠加，使兔子、蚂蚁的获利远高于工程机械行业的平均利润，更高于中国社会传统行业的平均利润，可以说，那时候只要是入了工程机械这一行，都能得到相当可观的回报。

二、如今的困境

《道德经》说："祸兮，福之所倚；福兮，祸之所伏。"任何事情都有两面性，身处风云激荡的工程机械市场中的相关从业者对此应该深有体会。

从行业发展来看，随着市场的逐步成熟，工程机械行业内局部的高利润必然向本行业的平均利润率下滑，而挖掘机行业的高利润率也注定向中国机械制造行业的平均利润率对标。

可以看到，低利润的市场竞争其实更为激烈。工程机械行业上下游的企业之间处于混战之中，市场博弈使得行业乱象丛生：外资大象与国产大象的拼杀，狼的外拼和内斗，大兔子吃小兔子，大蚂蚁吃小蚂蚁，兔子变小蚂蚁，再加上各类互联网平台化的企业参战，混战如春秋，呈现了一种异族相斗、同族相灭的市场环境。

目前，对兔子、蚂蚁来说，最关切的问题就是赚钱要比以前困难得多了，即使他们大幅提高日常的工作量，延长工作时间，卖出的货物量也比以前多，依然无法扭转利润空间继续被压缩的局面。

三、目前的三大困难

市场的变化使得兔子、蚂蚁面临各种各样的风险和困难，其中，工程机械设备的投资回报率降低，交易中产生的大量拖欠款及融资困难，这三个因素对兔子、蚂蚁生存和经营的影响最为直接。

首先，比较容易看到的是，工程机械设备的投资回报率在大幅度下降。曾经年投资回报率高达25%～30%，甚至更高，而当下的投资周期比原来延长了2倍以上。这是客观的市场现象，也是兔子、蚂蚁不得不接受的现实。

由于工程机械市场客观存在"收款难"的现象，兔子、蚂蚁不得不承受整个建筑业流动资金短缺的风险，甚至不得不学会即使干完活拿不到钱，还能保持继续经营的能力。显然，对于兔子、蚂蚁来说，经营难度大大增加了。

还有就是兔子、蚂蚁的融资困难。这是民营企业的基因所致，这个基因决定了即使在间接融资方面，民营企业的融资渠道也是不畅通的。

四、实事求是的选择

上述讨论表明，当前的市场环境，对数千万蚂蚁、兔子的生存和发展提出了挑战。业内对此产生无数的疑问和迷惑，此外，还有对当下市场的担忧，对蚂蚁、兔子群体是否能够长久生存的焦虑。

正确地认知市场环境的变化和自身在行业商业链的准确定位，找到切合实际的发展方式，把握自身的命运，这都是兔子和蚂蚁避不开的思考话题。

1. 关门与放弃

现在，全世界每天会有成千上万的小企业倒闭，相对大象的重资产和产业背景而言，兔子、蚂蚁处于商业链的"弱势群体"中。对于这类群体，如果在某阶段或某个局部领域的商业竞争中，没有实力也没有特殊性的生存空间，甚至要注定失败时，及时退出才是明智的选择。换句话说，放弃实质上是一种及时止损，是以"死亡"作为最小代价，应对社会经济大萧条的局势。

2. 经营规模的选择

兔子、蚂蚁的经营规模究竟多大合适呢？其实这个问题一直伴随着兔子、蚂蚁的成长过程，尤其在市场下行时，是选择扩张，还是收缩？是变大，还是变小？这些一直都是经常举棋不定的问题。

就规模来说，别说国产大象或外资品牌大象，就是任何一只小象的重资金投入，都远远超过兔子、蚂蚁的规模了。显然，兔子、蚂蚁在竞争中追求以规模制胜没有优势或者说没有实际意义。

与行业内各类大象和狼相比，兔子、蚂蚁的优势为产权清晰、机构精简，每一个经营单体都是以市场第一线最底层的需要判断和运营，客观上就是一个自下而上的扁平化的体系。他们每一天的工作都是为满足市场第一线的最底层需求而展开的，特点是能适应市场的瞬息万变并做出迅速的反应，效率高，成本低，小而强。这些特点尤其在小蚂蚁上最为明显，他们每一个人都是独立的经济体，精明强干，为了家庭的生存而甘愿吃苦耐劳，把个人的创造力发挥到极致。

由此可见，规模经营并不是兔子、蚂蚁的优势。尤其是在面对恶劣的市场环境时，他们更应该放弃对规模经营的追求，不盲目扩张，反而应该尽可能收缩，保留珍贵、有限的资金。蚂蚁和兔子的小规模作战的低成本和高效率是制胜的法宝，而追求规模经营取胜无疑是飞蛾扑火，这方面绝对不能过高估计自己的实力。

3. 躲避危机，暂避锋芒

针对商战的波峰、波谷时的高风险竞争，战术上经常提道："打得过就打，打不过就跑。"有时候学会避风头也是一种优秀的应变技能。只要你躲得好，大象是很难踩死蚂蚁的，彻底放弃正面的规模性的与大象和狼的冲撞，下功夫找到对方的劣势和软肋，伺机进攻。逮住机会，狠狠地扑上去，咬上几口，溜之大吉，再择时机，不必贪婪。所以，在市场发生不确定性的恶劣环境中，兔子、蚂蚁可以进行巧妙躲避，这也不失为一种适宜的战术选择。

4. 价格战中的战略

从古到今，都有"商场如战场"一说，工程机械市场的价格战的出现是必然且长期持续的，兔子、蚂蚁首当其冲，想躲也躲不开。面对价格战要冷静、冷静再冷静，继而做出正确的选择。那么，应该如何应对呢？

首先，一定要冷静分析自身在商业链中的一般性和特殊性，认真量化自身在商业链中的竞争力。如果有绝对优势，便果断出手，坚决吹响号角，开启价格战，销售在市场中占据优势。

其次，能打则打，打不过就要"三十六计走为上"。当自身实力和商业位置没有足够"跟进"或"应战"的实力和智慧时，避开"参战"是明智的选择。这时可以躲在"战场后方"仔细分析和深入研究全商业链上的所有机会和产品，寻找缺口和缝隙。坐山观虎斗，待价格战有了结果或者局势明朗了，再适当出击。

最后，当处于商业链的"弱势群体"中时，既没有实力也没有特殊性的生存空间，在价格战中显然败局已定，此时，及时退出才是明智的选择。与其"被战死"，不如主动"认输"退出。以利益最大化行事，不得追求虚荣和意气用事。

兔子、蚂蚁的价格优势永远是相对的，只有更贴近市场、更贴近客户的服务，才是最根本的智慧竞争选择。

5. 投资原则

多年来，我观察绝大多数兔子、蚂蚁的投资方式，总结了他们有如下四个底线。

（1）扣除经营成本，通常每月的现金净回报或全年收入，至少能够比自身打工的工资收入要多，这是投资的最低收入标准了。

（2）即使当下工程机械的投资回报周期延长，但是平均年投资回报率应在两位数，投入资金至少可在十年之内回收，基本能覆盖银行的贷款利息，相比当下其他传统行业，还是有不错的投入回报率。

（3）无论投资回报周期多长，相关投资的设备是随时可以变现的，最终的二手设备在市场上有销售出路。

（4）保证工程机械设备的使用率，是相关设备投资回报的基本条件。时刻注意国家基本建设的投入周期，投入回报周期最好是在国家基本建设的投入周期之内。或者说，自身投入回报周期小于国家基本建设的周期，工程量足够，投入设备后有活干，设备使用率有保障。

6. 扩张

从市场实际情况看，工程机械行业的兔子、蚂蚁的大幅度扩张，绝大部分是失败的或者不能够到达预期的。或许有人会有这样的疑问：如果有人脉、资金、资源和好运气，为什么不扩张呢？

从我们的分析讨论可以看到，兔子、蚂蚁扩张的最大效果也不过是小蚂蚁变大蚂蚁、小兔子变大兔子，或者蚂蚁变兔子，以期成长为"大象"级别的可能性微乎其微。多是"蚍蜉撼大树，可笑不自量"。这是工程机械行业重资产投资的属性决定的，而重资产投资的背后是国家意志和各类超级资本的体现，并非兔子、蚂蚁力所能及的。

或者说，兔子蚂蚁之所以能生存，就是某种意义上的"小"，而"变大"就是优势的丧失。不要先想着可以通过扩张获得多少利润，而是考虑如果扩张失败后是否能够承担付出的代价，从而理智地做出决策。

五、兔子蚂蚁前途和信心的根基

1. 中小微企业在中国经济的地位

中小微企业是中小型企业、微型企业、家庭作坊式企业、个体工商户的统称，主要包括三个标准，一是资产总额，工业企业不超过3000万元，其他企业不超过1000万元；二是从业人数，工业企业不超过100人，其他企业不超过80人；三是税收指标，年度应纳税所得额不超过100万元。根据这些参数的标准判断，工程机械行业的兔子、蚂蚁都属于中小微企业。

官方数据显示，截至2021年4月末，全国中小微企业超过4400万户，个体工商户9500多万户。我国广泛流传的民营经济"五六七八九"说法，即其为中国贡献了50%以上的税收、60%以上的国内生产总值、70%以上的技术创新成果、80%以上的城镇劳动力就业、90%以上的企业数量。显然中国国民经济离不开中小微企业。近几年来，各级政府一系列的对中小微企业的经济政策的定

向扶持和税收政策的大举纾困，都显示它们在国家经济中的重要性和客观存在的合理性。

2. 兔子蚂蚁在行业中的不可替代性

就我本人提出的工程机械市场的碎片化和相对资源的社会化的理论，兔子、蚂蚁是工程机械市场商业链中最基础的群体，众多的蚂蚁群体又是行业中最小的经济单元。兔子、蚂蚁是工程机械设备的使用者、所有者、市场服务者、零配件供应者等等多重身份的混合体，他们创造的价值是行业产业价值链中不可分割的一部分。

从工程机械设备制造的产业链看，工程机械涉及成千上万的零配件，如此庞大的数量，涉及中国制造业的全产业链，大象不可能全部都自己生产制造，利用兔子、蚂蚁的商业链，是降低边际成本的必然出路，也符合现代企业整合社会资源的合作潮流。至于产品的售后服务体系，中国幅员辽阔，设备的使用地从城市乡镇建设，到边远地区的建桥修路，遍及祖国大地，无论是国产品牌或者外资品牌大象，都没有任何一家能靠自己或者狼的力量，将销售和服务的网络有效地覆盖到整个市场。如今工程机械设备的存量已经是千万台（套）之多，即使在万物互联时代下，对工程机械设备和客户服务的最后一公里，都离不开兔子、蚂蚁的劳动，他们在工程机械商业链中是客观存在和无法替代的。

六、野火烧不尽，春风吹又生

诚然，就全世界中小微企业的生存规律来看，工程机械市场下行或环境恶化时，行业中许多兔子、蚂蚁的生存都会受到挑战，倒闭关门是常态现象。兔子、蚂蚁的生生死死，是其群体内部的自我迭代。即使相当一部分兔子、蚂蚁"死亡"了，新的兔子、蚂蚁还会冒出来，只不过是个体换了几个名字而已。如果兔子、蚂蚁群体全部消亡了，工程机械行业也就不存在了，这是中国工程机械市场的特殊性。在中国工程机械市场上，不论是以任何形式的商业竞争中，兔子、蚂蚁这个群体永远不会消亡，他们是"野火烧不尽，春风吹又生"的。